SEM MEDO DE VIVER

MAX LUCADO

SEM MEDO DE VIVER

REDESCOBRINDO UMA VIDA DE TRANQUILIDADE E PAZ INTERIOR

Tradução de
Bárbara Coutinho e Leonardo Barroso

THOMAS NELSON BRASIL

Rio de Janeiro
2009

Título original
Fearless

EDITOR RESPONSÁVEL	*Nataniel dos Santos Gomes*
SUPERVISÃO EDITORIAL	*Clarisse de Athayde Costa Cintra*
PRODUTORA EDITORIAL	*Fernanda Silveira*
CAPA	*Valter Botosso Jr.*
TRADUÇÃO	*Bárbara Coutinho e Leonardo Barroso*
COPIDESQUE	*Sílvia Rebello*
REVISÃO	*Margarida Seltmann* *Cristina Loureiro de Sá* *Joanna Barrão Ferreira*
PROJETO GRÁFICO E DIAGRAMAÇÃO	*Julio Fado*

CIP-BRASIL. CATALOGAÇÃO NA FONTE
SINDICATO NACIONAL DOS EDITORES DE LIVROS, RJ

L965s

Lucado, Max, 1955-
Sem medo de viver: redescobrindo uma vida de tranquilidade e paz interior / Max Lucado; tradução de Bárbara Coutinho e Leonardo Barroso. - Rio de Janeiro: Thomas Nelson Brasil, 2009.

Tradução de: Fearless
ISBN 978-85-7860-100-3

1. Medo - Aspectos religiosos - Cristianismo. I. Título.

09-1741. CDD: 248.86
CDU: 27-183

Rua Nova Jerusalém, 345 – Bonsucesso
Rio de Janeiro – RJ – CEP 21402-325
Tel.: (21) 3882-8200 – Fax: (21) 3882-8212 / 3882-8313
www.thomasnelson.com.br

Para Dee

e todos os que o amavam

Sumário

Agradecimentos

Se um livro é uma casa, conheça a equipe responsável pela construção deste aqui. (Dê um passo e receba os aplausos quando eu chamar seu nome, por favor.)

Liz Heaney e Karen Hill, editores. Este é realmente nosso vigésimo-quinto livro juntos? Vocês dois merecem medalhas de ouro. Pelas centenas de capítulos, milhares de cotoveladas e milhares de momentos felizes — obrigado.

Steve e Cheryl Green. É mais fácil o sol se esquecer de nascer do que vocês se esquecerem de servir. Amo vocês dois.

Carol Bartley, copidesque. Se soltar você no mundo, não resta uma aresta. Excelente trabalho.

Susan e Greg Ligon, David Moberg, e toda a equipe da Thomas Nelson. Vocês abriram as portas da fonte de criatividade. Não posso agradecê-los o bastante.

David Drury, pesquisador. Todas as suas sugestões foram apropriadas. Todas as correções, apreciadas.

David Treat, parceiro de preces. Orando silenciosamente por nós. Muito obrigado.

Randy Frazee, ministro sênior. Você e Rozanne trouxeram alegria aos nossos corações e calma ao nosso calendário. Bem-vindos!

Equipe de Ministério UpWords. Obrigado por administrar o programa de rádio, o *site* e a correspondência — e por me aturar, ovação de pé!

A Igreja Oak Hills, nossa família espiritual há vinte anos. As melhores décadas ainda nos aguardam.

Jenna, Andrea e Sara, nossas filhas. Cada uma de vocês deu contribuições tangíveis para este livro, procurando passagens, buscando fontes. Estou estourando de orgulho. E Brett Bishop, bem-vindo à família! Que Deus descarregue um caminhão de bênçãos sobre você e Jenna.

E minha esposa, Denalyn. Ver os anjos do céu não vai me surpreender. Estou casado com um há vinte e sete anos. Eu te amo!

Capítulo 1

Por que temos medo?

Por que vocês estão com tanto medo,
homens de pequena fé?

Mateus 8:26

Você teria gostado do meu irmão. Todos gostavam dele. Dee fazia amigos do mesmo jeito como padeiros fazem pão: diariamente, com facilidade, calorosamente. O aperto de mão — grande e ardoroso; a gargalhada — contagiosa e vulcânica. Ele não deixava nenhuma pessoa permanecer sendo um estranho por muito tempo. Eu, o tímido irmão mais novo, contava com ele para nos apresentar a outras pessoas. Quando uma família se mudava para a nossa rua ou quando alguém novo entrava no *playground*, Dee era o embaixador.

Mas em meados da sua adolescência, ele conheceu uma pessoa que deveria ter evitado — um contrabandista de bebidas alcoólicas que vendia cerveja para menores de idade. O álcool tentou seduzir a nós dois, mas, embora me enlaçasse, o acorrentava. Pelas quatro décadas que se seguiram, meu irmão bebeu sua saúde, seus relacionamentos, seus empregos, seu dinheiro, e todos menos os dois últimos anos de sua vida.

Não há quem explique por que a resolução às vezes vence e às vezes perde, mas aos 54 anos meu irmão descobriu um manancial de força de vontade, profundo, e gozou de um tempo de sobriedade. Esvaziou suas garrafas, estabilizou seu casamento, procurou seus filhos, e trocou o bar pelo AA local. Mas a vida desregrada tinha cobrado seu preço. Três décadas fumando três maços de cigarro por dia tinham transformado seu grande coração em carne moída.

Em uma noite de janeiro, na semana em que comecei a escrever este livro, ele disse a Donna, sua esposa, que estava com dificuldade para respirar. Ele já tinha uma consulta médica marcada para um problema parecido, então decidiu tentar dormir. Sem sucesso. Acordou às 4h da manhã com dores no peito fortes o bastante para ir parar no pronto-socorro. A equipe de resgate colocou Dee na maca e disse a Donna que os encontrasse no hospital. Meu irmão acenou de modo fraco e sorriu bravamente; disse a Donna que não se preocupasse, mas, quando ela e um dos filhos dele chegaram ao hospital, ele já tinha partido.

O médico de plantão lhes deu a notícia e os convidou a entrar na sala onde estava o corpo de Dee. Abraçados, entraram pela porta e viram sua última mensagem. Sua mão estava repousada sobre suas coxas com os dois dedos do meio dobrados para dentro e o polegar estendido — aquele era o símbolo internacional da linguagem de sinais para "Eu te amo".

Eu já tentei visualizar os momentos finais da vida terrena de meu irmão: correndo em uma rodovia do Texas em uma ambulância em uma noite escura, os paramédicos falando ao seu redor, seu coração enfraquecendo dentro dele. Lutando por cada suspiro, em algum ponto ele percebeu que só tinha mais alguns poucos a dar. Mas, em vez de entrar em pânico, ele muniu-se de coragem.

Talvez seja bom você fazer o mesmo. Uma ambulância não é a única viagem que exige coragem. Você pode não estar em sua última batida do coração, mas pode estar no seu último contracheque, na sua última solução ou no seu último suspiro de fé. Cada nascer do sol parece trazer novas razões para ter medo.

Todos têm falado sobre demissões no trabalho, redução na economia, explosões no Oriente Médio, rotatividade nas empresas, quedas no mercado imobiliário, aumento do aquecimento global, insurreições de células da al Qaeda. Algum ditador enlouquecido está colecionando ogivas nucleares como outros colecionam vinhos finos. Uma variação da gripe asiática está embarcando em voos que partem da China. A praga de nossos dias, o terrorismo, começa com a palavra *terror*. Noticiários despejam informações suficientes para lançar um aviso: "Cuidado: este noticiário é melhor se assistido no confinamento de uma caverna subterrânea na Islândia."

Temos medo de sermos processados, de sermos os últimos a terminar algo, de ficarmos sem dinheiro; tememos a pinta que apareceu nas costas, o vizinho novo, o som que o relógio faz enquanto nos aproxima da nossa sepultura. Sofisticamos planos de investimentos, criamos elaborados sistemas de segurança e legislamos por um exército mais forte e, no entanto, dependemos de calmantes mais do que qualquer outra geração na história. Além do mais, "a criança comum hoje [...] tem o mesmo nível de ansiedade de um paciente psiquiátrico comum nos anos 1950."[1]

O medo, ao que parece, alugou o prédio ao lado por cem anos e ali se estabeleceu. Enorme e rude, o medo não está disposto a dividir o coração com a felicidade. A felicidade obedece. Você já viu os dois juntos? Uma pessoa pode ser feliz e ter medo ao mesmo tempo? Ter o pensamento claro e temer? Estar confiante e amedrontado? Ter misericórdia e medo? Não. O medo é o grande valentão no corredor da escola: impetuoso, barulhento e improdutivo. Por todo o barulho que faz e pelo espaço que ocupa, o medo não traz muita coisa boa.

O medo nunca escreveu uma sinfonia ou um poema, negociou um tratado de paz nem curou uma doença. O medo nunca libertou uma família da pobreza nem um país da intolerância. O medo nunca salvou um casamento ou um negócio. A coragem o fez. A fé o fez. As pessoas que se recusaram a ouvir ou a se curvar ao medo o fizeram. Mas, e o medo propriamente dito, o que ele faz? O medo nos aprisiona e tranca as portas.

Não seria maravilhoso escapar?

Imagine sua vida inteira intocada pela angústia. E se a fé, não o medo, fosse a sua reação-padrão a ameaças? Se você pudesse pôr um ímã do medo sobre o seu coração e extrair cada pedaço de medo, insegurança e dúvida que ainda restasse nele? Imagine um dia, um dia ao menos, livre do medo do fracasso, da rejeição e da calamidade. Você consegue imaginar uma vida sem medo? Essa é a possibilidade por trás da pergunta de Jesus.

Ele perguntou: "Por que vocês estão com tanto medo?" (Mateus 8:26).

Nossa primeira reação é perguntar se Jesus está falando sério. Ele pode estar brincando. Provocando. Pregando uma peça. Como um nadador perguntando ao outro: "Por que você está molhado?" Mas Jesus não sorri. Ele está falando muito sério. Os homens a quem ele pergunta também o estão. Uma tempestade transformou seu jantar de cruzeiro em um tenso mergulho.

Eis o que um deles recorda da viagem: "Entrando ele no barco, seus discípulos o seguiram. De repente, uma violenta tempestade abateu-se sobre o mar, de forma que as ondas inundavam o barco" (Mateus 8:23,24).

Essas são as palavras de Mateus. Ele se lembrou bem da tempestade violenta e do barco agitado e foi cuidadoso com suas palavras. Qualquer palavra não bastaria. Ele puxou seu dicionário grego de sinônimos da prateleira e caçou uma palavra que descrevesse como as ondas explodiam no barco. Pulou os termos comuns para chuvas de primavera, borrascas, pancadas de chuva ou aguaceiros. Eles não capturavam o que ele sentiu e viu naquela noite: a terra e a praia tremendo. Ele se lembrava de mais do que ventos e ondas. Seu dedo desceu pela coluna de sinônimos até chegar a uma palavra que funcionasse. "Ah, aqui está." *Seismos* — um tremor, uma erupção de céu e mar. "Um grande *seismos* surgiu no lago."

Esse termo ainda ocupa um espaço em nosso vernáculo. Um sismólogo estuda terremotos, um sismógrafo os mede, e Mateus, juntamente com uma tripulação de recrutas novatos, sentiu um sismo que os sacudiu por completo. Ele usou essa palavra em duas outras ocasiões: uma vez na morte de Jesus quando o Calvário tremeu (Mateus 27:51-54) e mais uma vez na ressurreição de Jesus quando a sepultura tremeu (28:2). Aparentemente, a tempestade acalmada compartilha de igual importância na trilogia dos grandes feitos de Jesus: derrotando o pecado na cruz, a morte na sepultura e aqui silenciando o medo no mar.

O medo *repentino*. Sabemos que o medo foi repentino porque a tempestade o foi. Uma tradução mais antiga diz: "*De repente*, uma violenta tempestade abateu-se sobre o mar."

Nem todas as tempestades começam de repente. Fazendeiros podem ver a formação de nuvens de tempestade horas antes de a chuva cair. Essa tempestade, no entanto, irrompe como um leão saindo do mato. Em um momento os discípulos estão embaralhando as cartas para um joguinho de copas; no instante seguinte, estão bebendo água do mar da Galileia.

Pedro e João, marinheiros experientes, lutam para manter o navio de pé. Mateus, assumido homem de terra, luta para não vomitar seu café da manhã. O cobrador de impostos não tinha imaginado que sua viagem seria assim. Você consegue perceber sua surpresa quando junta suas duas frases? "Entrando ele no barco, seus discípulos o seguiram. De repente, uma violenta tempestade abateu-se sobre o mar" (8:23,24).

Você não gostaria de uma segunda frase mais leve, uma consequência mais feliz da obediência? "Entrando ele no barco, seus discípulos o seguiram. De repente, um grande arco-íris apareceu no céu, um bando de pombas voou em uma formação feliz e um mar calmo como vidro espelhava seu mastro." Os seguidores de Cristo não curtem um calendário cheio de cruzeiros no Caribe? Não. Essa história dá um lembrete a um só tempo não-tão-sutil e não-tão-popular: embarcar com Cristo pode significar se molhar com Cristo. Os discípulos podem esperar mares violentos e ventos bravos. "Neste mundo vocês terão [não 'podem ter' ou 'talvez tenham'] aflições" (João 16:33, colchetes meus).

Os seguidores de Cristo contraem malária, enterram crianças e lutam contra o vício e, como resultado, encontram o medo. Não é a ausência de tempestades que nos distingue e sim quem descobrimos na tempestade: um Cristo imperturbado.

"Jesus, porém, dormia" (Mateus 8:24).

Agora aí está uma cena. Os discípulos gritam; Jesus sonha. O trovão ruge; Jesus ronca. Ele não tira uma soneca ou descansa. Ele dorme. Você poderia dormir em um momento desses? Você conseguiria pegar no sono enquanto gira sem parar em uma montanha-russa? Em um túnel de vento? Em um show de *heavy-metal*? Jesus dorme nos três ao mesmo tempo!

O evangelho de Marcos adiciona dois detalhes curiosos: "Jesus estava na popa, dormindo com a cabeça sobre um travesseiro" (Marcos 4:38). Na popa, sobre um travesseiro. Por que a primeira? De onde veio o segundo?

Os pescadores do primeiro século usavam grandes e pesadas redes para trabalhar. Guardavam as redes em um abrigo construído na popa para esse objetivo. Dormir *sobre* a popa era pouco prático. Não dava espaço nem proteção. O pequeno compartimento sob a popa, no entanto, dava as duas coisas. Era a parte mais fechada e a única protegida do barco. Então Cristo, um pouco sonolento das atividades do dia, se aninhou sob o convés para dormir um pouco.

Descansou a cabeça, não sobre um travesseiro fofo de penas, mas em uma bolsa de couro. Pesada. Pescadores do Mediterrâneo ainda as usam. Elas pesam cerca de 45 quilos e são usadas para equilibrar, para estabilizar o barco.[2] Jesus levou o travesseiro para a popa para poder dormir ou dormiu tão profundamente que alguém o pôs sobre um travesseiro? Não sabemos. Mas há algo que nós sabemos: aquele era um sono premeditado. Ele não pegou no sono por acaso. Totalmente ciente da tempestade que vinha, Jesus decidiu que era hora da sesta; aninhou-se então em um canto, pôs sua cabeça no travesseiro e viajou para o mundo dos sonhos.

Seu sono perturba os discípulos. Mateus e Marcos registram suas reações como três pronunciamentos gregos em *staccato* e uma pergunta.

Os pronunciamentos: "Senhor, salva-nos! Vamos morrer!" (Mateus 8:25).

A pergunta: "Mestre, não te importas que morramos?" (Marcos 4:38).

Eles não perguntam sobre o poder de Jesus: "Tu consegues parar a tempestade?" Nem sobre seu conhecimento: "Tu estás ciente da tempestade?" Ou sobre seu *know-how*: "Tens alguma experiência com tempestades?" Mas, em vez disso, levantaram dúvidas sobre o caráter de Jesus: "Não te importas...?"

O medo faz isso. O medo corrói nossa confiança na bondade de Deus. Começamos a nos perguntar se o amor habita os céus. Se Deus pode dormir em nossas tempestades, se seus olhos se mantêm cerrados quando os nossos se arregalam, se ele permite tempestades depois de entrarmos em seu barco, ele se importa? O medo libera um enxame de dúvidas, dúvidas que nos deixam com raiva.

E ele nos transforma em maníacos controladores. "Faça alguma coisa a respeito da tempestade!" é a exigência implícita da questão. "Conserte ou... ou... ou você vai ver!" O medo, em sua essência, é uma perda nítida de controle. Quando a vida gira loucamente, agarramos um componente da vida que podemos controlar: nossa dieta, a arrumação da nossa casa, o descanso de braço em um avião, ou, em muitos casos, as pessoas. Quanto mais inseguros nos sentimos, mais malvados nos tornamos. Grunhimos e mostramos nossas garras. Por quê? Porque somos maus? Em parte. Mas também porque nos sentimos encurralados.

Martin Niemöller documenta um exemplo extremo disso. Ele era um pastor da Alemanha que levantou a voz contra Adolf Hitler. Quando conheceu o ditador em 1933, Niemöller ficou no fundo da sala e ouviu. Mais tarde, quando sua esposa lhe perguntou o que tinha aprendido, disse: "Descobri que Herr Hitler é um homem terrivelmente apavorado."[3] O medo libera o tirano de dentro de nós.

Ele também enfraquece a nossa memória. Os discípulos tinham razões para confiar em Jesus. Até então eles já o tinham visto "curando todas as enfermidades e doenças entre o povo" (Mateus 4:23). Tinham testemunhado quando ele curou um leproso com um toque e um servo com um comando (Mateus 8:3-13). Pedro viu sua sogra doente se recuperar (Mateus 8:14,15), e todos eles viram demônios fugirem como morcegos de uma caverna. "Ele expulsou os espíritos com uma palavra e curou todos os doentes" (Mateus 8:16).

Será que alguém não deveria mencionar o histórico de Jesus ou o seu currículo? Eles se lembram dos feitos de Cristo? Pode ser que não. O medo cria uma forma de amnésia espiritual.

Ele limpa a nossa memória de milagres; nos faz esquecer o que Jesus já fez e como Deus é bom.

E é horrível sentir medo. Ele suga a vida para fora da alma, nos põe em posição fetal e limpa toda a nossa felicidade. Tornamo-nos celeiros abandonados, balançando fragilmente com o vento, um lugar onde a humanidade costumava comer, crescer e encontrar calor. Não mais. Quando o medo molda nossa vida, a segurança se torna o nosso deus. Quando a segurança se torna o nosso deus, idolatramos a vida livre de riscos. O amante da segurança pode fazer alguma coisa grandiosa? O avesso ao risco pode executar atos nobres? Por Deus? Pelos outros? Não. Os temerosos não conseguem amar profundamente. O amor é arriscado. Eles não podem dar aos pobres. A benevolência não tem garantia de retorno. Os temerosos não podem sonhar livremente. E se seus sonhos pifarem e caírem do céu? A adoração da segurança enfraquece a grandeza. Não é à toa que Jesus trava tremenda guerra contra o medo.

Seu comando mais comum emerge do lema "não tema". Os evangelhos listam cerca de 125 imperativos emitidos por Cristo. Destes, 21 nos dizem para "não temer" ou "não ter medo" ou "ter coragem". O segundo comando mais comum, amar a Deus e ao próximo, aparece apenas em oito ocasiões. Se a quantidade for um indicador, Jesus leva nossos medos a sério. A frase que ele disse mais do que qualquer outra foi esta: não tenha medo.

Irmãos às vezes riem ou reclamam do comando mais comum de seus pais. Eles sempre se lembram de suas mães dizendo: "Chegue em casa na hora!" ou "Arrumou seu quarto?" Seus pais também tinham as suas instruções favoritas: "Mantenha o queixo para cima."; "Trabalhe duro." Eu me pergunto se os discípulos alguma vez refletiram nas frases mais comumente repetidas de Cristo. Se o tiverem feito, teriam notado: "Ele sempre estava nos mandando ter coragem."

> Portanto, não tenham medo; vocês valem mais do que muitos pardais! (Mateus 10:31).
>
> Tenha bom ânimo, filho; os seus pecados estão perdoados (Mateus 9:2).
>
> Portanto eu lhes digo: Não se preocupem com sua própria vida, quanto ao que comer ou beber (Mateus 6:25).
>
> Não tenha medo; tão-somente creia, e ela será curada (Lucas 8:50).
>
> Coragem! Sou eu (Mateus 14:27).
>
> Não tenham medo dos que matam o corpo, mas não podem matar a alma. (Mateus 10:28).
>
> Não tenham medo, pequeno rebanho, pois foi do agrado do Pai dar-lhes o Reino (Lucas 12:32).
>
> Não se perturbe o coração de vocés. Creiam em Deus; creiam também em mim. [...] voltarei e os levarei para mim, para que vocês estejam onde eu estiver (João 14:1-3).
>
> Não se perturbe o seu coração, nem tenham medo (João 14:27).
>
> Ele lhes disse: "Por que vocês estão perturbados e por que se levantam dúvidas no coração de vocês?" (Lucas 24:38).

> Vocês ouvirão falar de guerras e rumores de guerras, mas não tenham medo (Mateus 24:6).
>
> Mas Jesus se aproximou, tocou neles e disse: "Levantem-se! Não tenham medo!" (Mateus 17:7).

Jesus não quer que você viva em um estado permanente de medo. E nem você. Você nunca disse coisas do tipo:

> Minhas fobias me fazem saltitar.
>
> Eu seria um péssimo pai se não fosse pela minha hipocondria.
>
> Agradeço a Deus pelo meu pessimismo. Eu sou uma pessoa muito melhor desde que perdi a esperança.
>
> Meu médico me diz que se eu não começar a me afligir, eu vou perder a minha saúde.

Já aprendemos o alto custo do medo.

A pergunta de Jesus é boa. Ele levanta a cabeça do travesseiro, sai da popa para a tempestade e pergunta: "Por que vocês estão com tanto medo, homens de pequena fé?" (Mateus 8:26).

Para ser claro, o medo tem uma função saudável: ele é o informante na mina de carvão, avisando sobre um perigo potencial. Uma dose de medo pode impedir uma criança de atravessar uma rua movimentada ou um adulto de fumar um maço de cigarros. O medo é a reação apropriada diante de um edifício em chamas ou de um cão rosnando. O medo em si não é pecado, mas ele pode levar ao pecado.

Se medicarmos o medo com explosões de raiva, bebedeiras, ataques de rabugice, fome ou controle total, excluiremos

Deus da solução e exacerbaremos o problema. Agindo assim, nos sujeitaremos a uma posição de medo, deixando a ansiedade dominar e definir nossa vida. Preocupações que eliminam a alegria. Medo que deixa o dia dormente. Repetidos ataques de insegurança que nos petrificam e paralisam. A histeria não vem de Deus. "Pois Deus não nos deu espírito de covardia" (2 Timóteo 1:7).

O medo sempre vai bater na sua porta. Simplesmente não o convide para jantar — e pelo amor de Deus não lhe ofereça uma cama para passar a noite. Vamos encher nosso coração com um bom número de pronunciamentos "não tema". O medo pode preencher o nosso mundo, mas não tem de preencher o nosso coração. A promessa de Cristo e a alegação deste livro são simples: podemos temer menos amanhã do que tememos hoje.

Quando eu tinha seis anos de idade, meu pai me deixou ficar acordado até tarde com o resto da família e assistir ao filme *O lobisomem*. Rapaz, como ele se arrependeu dessa decisão! O filme me deixou convencido de que o lobisomem passava cada noite esperando em nosso escritório, esperando sua refeição favorita de garoto ruivo da primeira série, cheio de sardas. Meu medo provou-se problemático. Para ir do meu quarto à cozinha, eu tinha que passar perigosamente perto de suas garras e presas, o que eu estava pouco inclinado a fazer. Mais de uma vez eu corri para o quarto do meu pai e o acordei. Como Jesus no barco, papai estava sempre dormindo na tempestade. *Como uma pessoa pode dormir em tempos assim?*

Abrindo um olho sonolento, ele perguntava: "Agora você está com medo de quê?" E eu lembrava a ele do monstro. "Ah, sim, o lobisomem", ele murmurava. Então ele se levantava da cama, armava-se com coragem sobre-humana, acompanhava-me pelo vale da sombra da morte e pegava um copo de leite para mim. Eu olhava para ele cheio de admiração: *Que tipo de homem é esse?*

Deus vê nossas tempestades sísmicas como meu pai via meu medo do lobisomem. "Então ele se levantou e repreendeu os ventos e o mar, e fez-se completa bonança" (Mateus 8:26).

Ele lida com o grande tremor com grande calma. O mar fica tão calmo quanto um lago congelado e os discípulos ficam imaginando: "Quem é este que até os ventos e o mar lhe obedecem?" (Mateus 8:27).

Quem é este, de fato. Transformando o momento do tufão em hora de soneca. Silenciando as ondas com uma palavra. E equipando um homem prestes a morrer com coragem suficiente para enviar uma mensagem final de amor para sua família. Parabéns, Dee. Você encarou sua cota de momentos sísmicos na vida, mas no fim você não sucumbiu.

E aqui está uma prece para que nós também não sucumbamos.

Capítulo 2

Medo de não ser importante

Os habitantes de Stiltsville — A cidade das estacas

Portanto, não tenham medo;
vocês valem mais do que muitos pardais!

Mateus 10:31

Talvez você não saiba,
Ou talvez sim,
Sobre o vilarejo de Stiltsville,
(estranho mas é verdade)

Onde pessoas como nós,
Algumas baixas, algumas altas,

Com empregos e filhos
E relógios na parede
Ficam de olho na hora.
Pois cada noite às seis,
Eles se encontram na praça
Por causa de estacas,

Altas e nas quais
Os habitantes podem confiar
E se elevar acima
Daqueles no chão:

Os que são menos,
A Tribo dos Pequenos,
Os chatos e os que não têm
Que querem ser altos

Mas não podem, porque
Na distribuição das estacas,
Seu nome não foi chamado.
Eles não foram escolhidos.

No entanto eles vêm
Quando os habitantes se reúnem;
Eles se amontoam na frente
Para ver se têm importância

Para a panelinha dos legais,
A corte de grande influência,
Que decide quem é especial
E declara com um grito,

"Você tem classe!" "Você é bonito!"
"Você é inteligente" ou "Engraçado!"
e dão um prêmio,
não de medalhas ou dinheiro,
não uma torta fresquinha
ou uma casa que alguém construiu,
mas o mais estranho dos presentes —
algumas estacas.

Subir é sua missão,
Ir para o alto é seu objetivo.
"Eleve sua posição"
é o nome de seu jogo.

Os que estão no alto em Stiltsville
(você já sabe se já tiver estado lá)
fazem a maior comoção
da doçura do ar rarefeito.

Eles saboreiam a chance
Em seus altos aparatos
De se exibir em suas estacas,
O *status* definitivo.

Pois a vida não é melhor
Quando vista de cima?
A não ser que você tropece
E de repente não tenha mais

certeza de onde se encontra.
Você se balança e depois se inclina.
"Cuidado aí embaaaaaaaaaixo!"
e cai imediatamente

nos Pequenos,
a gentalha da Terra.
Você aterrissa no seu orgulho —
E, nossa, como dói
quando a polícia chique,
na rejeição das rejeições,
não oferece ajuda,
e em vez disso toma suas estacas.

"Quem lhe fez rei?"
você começa a reclamar
mas então nota a hora
e para de reclamar.

São quase seis horas!
Não há tempo para conversa fiada.
De volta à multidão
para ver se você tem importância.

Ah, aqui está. Aqui está a questão. O rio Amazonas de onde mil medos nascem: nós temos importância? Tememos não ter. Tememos o nada, a insignificância. Tememos a evaporação. Tememos não fazer nenhuma contribuição para a soma final. Tememos ir e vir sem ninguém saber.

É por isso que nos incomoda quando um amigo se esquece de ligar ou quando o professor esquece o nosso nome ou um colega leva o crédito por uma coisa que tenhamos feito ou quando a companhia aérea nos empurra como gado para o voo seguinte. Eles estão afirmando a nossa trepidação mais profunda: ninguém se importa, porque não somos importantes o bastante para que alguém se importe. Por essa razão queremos tanto a atenção da nossa esposa ou do nosso marido ou a aprovação do nosso chefe, soltamos nomes de pessoas importantes nas conversas, usamos anéis da faculdade nos dedos, botamos silicone nos seios, calotas chamativas nos nossos carros, joias nos dentes, e gravatas de seda em volta do pescoço. Nós cobiçamos as estacas.

Estilistas nos dizem: "Você será alguém se usar a nossa calça *jeans*. Cole nosso nome na sua traseira e a insignificância desaparecerá." Então o fazemos. E por algum tempo nos distanciamos dos Pequenos e curtimos a promoção à Sociedade dos Altos. A moda nos redime do mundo da pequenez e do nada, e somos outra coisa. Por quê? Porque gastamos metade do nosso pagamento em uma calça *jeans* italiana.

Mas depois, o horror dos horrores, o estilo muda, a moda passa, a tendência muda do apertado para o *baggy*, do desbotado para o escuro, e ficamos usando a calça *jeans* de ontem, nos sentindo como a notícia de ontem. Bem-vindo de volta à Tribo dos Pequenos.

Talvez possamos terceirizar a nossa insignificância. Ao atrelar nossa identidade ao feito do tamanho de Gulliver de alguém, damos sentido a nossa vida lilliputiana. De que outra maneira você pode explicar a nossa fascinação por marcas esportivas e atletas?

Eu estou entre os fascinados: sou um fã irreparável dos San Antonio Spurs. Quando eles jogam basquete, eu jogo basquete. Quando eles fazem uma cesta, eu faço uma cesta. Quando eles vencem, eu ouso gritar com os outros 17 mil torcedores: "*Nós* vencemos!" E no entanto como eu ouso fazer tal afirmação? Eu fui a um único treino sequer? Enfrentei um time adversário? Contribuí com uma dica técnica ou suei uma gota de suor? Não. Eu o faria se eles pedissem. Mas eu sou insignificante, lento, velho e descoordenado demais.

Ainda assim eu pego carona na fama deles. Por quê? Porque isso me separa dos plebeus. Momentaneamente me eleva, me torna um herói.

Essa filosofia motivou meu amigo Thomas da quarta série a manter a guimba de um cigarro de Dean Martin em um pote ao lado de sua cama. Dean Martin se tornou famoso cantando no coração da América dos anos 1960, na televisão, no rádio e em boates. Ele compartilhava o raro *status* de celebridade com Frank Sinatra e Sammy Davis Jr. Nós, comuns, só podemos admirar tanta nobreza a distância. Thomas, no entanto, podia mais. Quando Dean Martin agraciou nossa cidade de West Texas comparecendo em um torneio beneficente de golfe, Thomas e seu pai o seguiram pela galeria. Quando o ícone jogou sua guimba de cigarro para o lado, Thomas estava lá para pegá-la.

Quem pode esquecer o momento em que nós, amigos de Thomas, nos juntamos em seu quarto para admirar o cigarro sagrado? Nós tiramos proveito do princípio do fomento indireto da economia das celebridades. Dean Martin era um astro; Thomas tinha o cigarro de Dean Martin; nós conhecíamos

Thomas. Nós éramos os próximos beneficiários do estrelato de Dean Martin.

Junte-se a alguém especial e torne-se alguém especial, certo?

Ou simplesmente sobreviva à vida. Quando o bilionário percebe que seu tempo vai acabar antes de seu dinheiro, ele cria uma fundação. Sem dúvida algum altruísmo motiva o ato, mas também o faz a fome de ter importância.

Temos filhos pelo mesmo motivo. Dar à luz nos dá significado. Embora ser pai seja certamente uma tentativa mais nobre de ter algum significado do que exibir a guimba do cigarro de Dean Martin, ainda o é, em parte, simplesmente isso. Um dia, quando morrermos, nossos descendentes vão se lembrar do "Paizão" ou da "Mãezinha querida", e estenderemos nossa vida nas deles.

Calças *jeans* italianas. A guimba do cigarro de Dean Martin. Fundações. Legados. Sempre tentar provar que Bertrand Russell estava errado. Ele foi o ateu fatalista que concluiu: "Acredito que quando eu morrer, meus ossos se apodrecerão e nada restará do meu ego."[1]

"Ele não pode estar certo," suspiramos.

"Ele não está certo!", anuncia Jesus. E, com algumas das palavras mais doces já ouvidas, ele acalma o medo dos habitantes de Stiltsville: "Não se vendem dois pardais por uma moedinha? Contudo, nenhum deles cai no chão sem o consentimento do Pai de vocês. Até os cabelos da cabeça de vocês estão todos contados. Portanto, não tenham medo; vocês valem mais do que muitos pardais!" (Mateus 10:29-31).

O que é mais insignificante do que cabelo? Quem faz inventário dos folículos? Nós monitoramos outros recursos:

dinheiro no banco, gasolina no tanque, quilos na balança. Mas cabelo? Nem unzinho, nem quando o homem com a calvície se expandindo põe placas com números em cada canto. Penteamos os cabelos, os pintamos, os cortamos... mas não contamos os fios.

Deus conta. "Até os cabelos da cabeça de vocês estão todos contados."

Assim como os pardais no campo. Nos dias de Jesus uma moedinha era a menor fração de dinheiro em circulação. E uma moedinha dessas podia comprar dois pardais. Em outras palavras, qualquer um podia possuir dois pardais. Mas por que o fariam? Para que eles serviriam? O que eles conseguiriam com isso?

No evangelho de Lucas, Jesus dá um passo adiante. "Não se vendem cinco pardais por duas moedinhas? Contudo, nenhum deles é esquecido por Deus." (Lucas 12:6). Uma moedinha comprava dois pardais. Duas moedinhas, no entanto, compravam cinco. O vendedor dava o quinto de brinde.

A sociedade ainda tem sua cota de quintos pardais: almas indistintas que se sentem dispensáveis, descartáveis, valendo menos do que uma moedinha. Eles fazem rodízio de caronas e trabalham em cubículos. Alguns dormem sob papelão nas calçadas e outros sob seus cobertores no subúrbio. O que eles têm em comum é um sentimento de pequenez.

Você encontrará um monte de quintos pardais em um orfanato chinês para surdos-mudos. A política da China de apenas um filho por casal consegue eliminar os fracos. Os meninos têm preferência sobre as meninas. Bebês saudáveis são preferidos aos deficientes. Crianças chinesas que não podem falar ou ouvir têm poucas chances de ter uma vida saudável e produtiva. Todas as mensagens lhes dizem: "Você não é importante."

Então, quando alguém diz o contrário, elas se derretem. O missionário chinês John Bentley descreve um momento como esse. Órfãos surdos na província de Henan receberam uma tradução para o mandarim de um livro infantil que eu escrevi intitulado *You Are Special*. A história descreve Punchinello, uma pessoa de madeira em um vilarejo de pessoas de madeira. Os habitantes tinham o costume de colar estrelas nas pessoas bem-sucedidas e pontos nas pessoas que tinham dificuldades. Punchinello tinha tantos pontos que as pessoas lhe davam mais pontos sem motivo algum.

Mas aí ele conheceu Eli, seu criador. Eli o incentivou, dizen-do-lhe para desconsiderar a opinião dos outros. "Eu fiz você," explicou. "Eu não cometo erros."

Punchinello nunca tinha ouvido tais palavras. Quando ouviu, seus pontos começaram a cair. E, quando as crianças do orfanato chinês ouviram tais palavras, seu mundo começou a mudar. Deixarei que John descreva o momento.

> Quando distribuíram esses livros para as crianças e para os funcionários da escola para surdos, a coisa mais estranha aconteceu. Em um determinado momento todo mundo começou a chorar. Eu não entendi essa reação... os americanos estão de alguma forma acostumados à ideia de reforço positivo... na China não era assim, especialmente para essas crianças que são virtualmente abandonadas e consideradas sem valor por seus pais biológicos porque nasceram "quebradas". Quando na leitura apareceu a ideia de que eram especiais simplesmente porque foram feitos por um criador cheio de amor... todo mundo começou a chorar — incluindo seus professores! Foi fantástico.[2]

Você precisa desse lembrete? Alguma chance de essas palavras estarem caindo nos ouvidos de um quinto pardal? Se for o caso, está na hora de lidar com o medo de não ser importante. Leve-o a sério. O medo de que você seja um grande zero à esquerda se tornará uma profecia autoexecutável que arruinará sua vida. É assim que funciona.

Você está se arrastando em um subemprego que paga mal e drena suas energias. O salário cobre as contas e nada mais. Suas habilidades natas murcham como rosas que não são regadas. Mas aí você lê sobre uma oferta de emprego que investe em suas habilidades. Então, por um momento de inesperada coragem, você se candidata. O empregador o convida para uma entrevista. É aí que a mentalidade da Tribo dos Pequenos retorna. "Nunca vou impressioná-los", você murmura. "Vou fazer papel de bobo na entrevista. Vão me perguntar coisas que não sei responder. Nunca vou conseguir esse emprego." Um rato em uma jaula de leões tem mais chances de sucesso. Você falha miseravelmente e desce mais um nível no porão da autoderrota.

Ou pense na menina que é convidada para um encontro por um rapaz atraente. Tão atraente que ela se pergunta o que ele vê nela. Ele é muita areia para o caminhãozinho dela. Quando ele a conhecer melhor, irá abandoná-la. Ora, pode ser que ela não consiga manter o interesse dele por uma noite. A insegurança faz com que ela use a única ferramenta em que ela confia, seu corpo. Ela dorme com ele no primeiro encontro por medo de que não haja um segundo. E acaba se sentindo como a mulher descartável que não queria se tornar.

O medo da insignificância cria o resultado que tanto teme, chega ao destino que tenta evitar, facilita o cenário de que desdenha. Se um jogador de basquete está na linha de tiro livre repetindo "Eu nunca vou acertar, eu nunca vou acertar," adivinhe? Ele nunca vai acertar. Se você passa seus dias murmurando "Eu nunca vou fazer a diferença; eu não valho nada," adivinhe? Você estará se sentenciando a uma vida de escuridão sem liberdade condicional.

Ainda mais do que isso, você está discordando de Deus. Questionando o julgamento dele. Criticando o gosto dele. De acordo com ele você foi "formado e entretecido como nas profundezas da terra" (Salmo 139:15). Você foi feito "de modo especial e admirável" (Salmo 139:14). Ele não consegue parar de pensar em você! Se você pudesse contar quantas vezes ele pensa em você, "seriam mais do que os grãos de areia" (Salmo 139:18).

Por que ele ama tanto você? Pelo mesmo motivo pelo qual o artista ama seus quadros ou o construtor de barcos ama seus barcos. Você é ideia dele — na verdade, a sua melhor ideia. "Porque somos criação de Deus realizada em Cristo Jesus para fazermos boas obras, as quais Deus preparou antes para nós as praticarmos" (Efésios 2:10).

Todo ano dezenas de milhares de mulheres assistem às conferências do Women of Faith [Mulheres de fé]. Um dos motivos pelos quais elas o fazem é para ouvir palavras de conforto. Depois de ouvir palestrante após palestrante descrever a compaixão de Deus por cada um de seus filhos, uma pessoa enviou este e-mail:

> No filme *Hook — A volta do capitão Gancho*, Peter Pan tinha crescido, envelhecido e engordado, e não se parecia nem um pouco com o Peter que os meninos perdidos conhe-

ciam. Enquanto os meninos gritavam que esse NÃO era Peter, um dos meninos menores o pegou pela mão e puxou até seu nível. Então colocou suas mãos no rosto de Peter e começou a mexer em sua pele, dando nova forma a seu rosto. O garoto olhou nos olhos de Peter e disse: "Aí está você, Peter!"

Eu levei muitas coisas comigo para o Women of Faith, coisas que só Deus podia ver. Mas ao longo do fim de semana eu pude sentir as mãos de Deus no meu rosto, limpando todas as "coisas" que eu tinha levado. E aí eu o ouvi dizer: "Aí está você. Aí está você!"[3]

Shhh. Escute. Você está ouvindo? Deus está dizendo a mesma coisa para você. Encontrando a beleza que os anos enterram, o brilho que o tempo tenta tirar. Vendo você e adorando a pessoa que ele vê. "Aí está você. Aí está você."

Ele basta. Não basta? Chega de estacas, de exibição e de quedas. Deixe os outros jogarem os jogos tolos. Não nós. Encontramos uma coisa melhor. Assim como, me disseram, algumas das pessoas de Stiltsville.

Os habitantes de Stiltsville ainda se reúnem,
E as multidões ainda clamam,
Mas mais pessoas se afastam.
Elas parecem menos encantadas

desde que o Carpinteiro veio
e se recusou a ficar sobre estacas.

Escolheu ficar embaixo ao invés de no alto,
consertou o sistema.

"Você já é importante",
ele explicou para a cidade.
"Acredite em mim.
Fique com os pés no chão."

Capítulo 3

Medo de desapontar Deus

Deus está zangado comigo

Tenha bom ânimo, filho;
os seus pecados estão perdoados.

Mateus 9:2

Noble Doss deixou a bola cair. Uma bola. Um passe. Um erro. Em 1941, ele deixou uma cair. E ela lhe persegue até hoje. "Por minha causa perdemos um campeonato nacional", diz.

O time de futebol americano da Universidade do Texas era considerado o número um da nação. Na esperança de uma temporada invicta e uma vaga no Rose Bowl, eles jogaram contra o rival da liga, a Baylor University. Com uma vantagem de 7 × 0 no terceiro quarto, o *quarterback* de Longhorn lançou um passe em profundidade para um Doss cheio de espaço.

"A única coisa que eu tinha entre mim e o gol", lembra, "eram vinte metros de grama."

O arremesso estava na mira. Os torcedores de Longhorn ficaram de pé. O Doss certeiro viu a bola e esticou os braços, mas ela escorregou.

Baylor se organizou e empatou o placar com apenas alguns segundos de jogo. A equipe do Texas perdeu seu lugar no *ranking* e, consequentemente, sua chance no Rose Bowl.

"Eu penso naquela jogada todos os dias," admite Doss.

Não que ele não tenha outras memórias. Casado e feliz há mais de seis décadas. Pai. Avô. Serviu a marinha durante a Segunda Guerra Mundial. Apareceu na capa da revista *Life* com seus colegas de time do Texas. Interceptou 17 passes durante sua carreira na universidade, um recorde universitário. Ganhou dois títulos NFL com os Philadelphia Eagles. O Texas High School Football Hall of Fame [Hall da Fama do Futebol Americano da Escola Secundária do Texas] e o Longhorn Hall of Honor [Hall de Honra de Longhorn] passaram a incluir o seu nome.

A maioria dos torcedores se lembra das jogadas que Doss fez e dos passes que ele pegou. Doss se lembra do que ele não pegou. Uma vez, ao se encontrar com um novo treinador de Longhorn, Doss lhe contou sobre a bola que perdeu. Já fazia cinquenta anos desde o jogo, mas ele chorou ao narrar o ocorrido.[1]

As memórias de passes perdidos demoram a ir embora. Criam um medo solitário, um medo de termos desapontado as pessoas, de termos decepcionado o time, de termos falhado. Um medo de que, quando precisaram de nós, não fizemos a nossa parte, de que os outros sofreram com as nossas trapalhadas. É claro, alguns de nós ficariam felizes de trocar as nossas trapalhadas pela de Doss. Se ao menos tivéssemos simplesmente deixado de pegar um passe. Se ao menos tivéssemos simplesmente decepcionado um time de futebol.

Eu sempre converso com um camarada que, como ele próprio admite, desperdiçou a primeira metade de sua vida. Abençoado com mais talento do que bom senso, fez inimigos e dinheiro na velocidade da luz. Agora sua vida se assemelha a temas muito cantados em tristes músicas country: casamento arruinado, filhos com raiva, seu fígado funciona como se tivesse sido banhado em vodca. (E foi.)

Quando conversamos, seus olhos correm de um lado para o outro como um homem ouvindo passos. Seu passado o persegue como um exército. Nossas conversas voltam à mesma órbita: "Será que Deus pode algum dia me perdoar?" "Ele me deu uma esposa; eu estraguei tudo. Ele me deu filhos; eu estraguei tudo." Eu tento dizer a ele: "Sim, você falhou, mas você não é um fracasso. Deus veio por pessoas como nós." Ele absorve as minhas palavras do mesmo modo como o deserto absorve um aguaceiro. Mas na próxima vez em que eu o encontrar, ele precisa ouvi-las de novo. O solo ressecado do medo precisa de chuvas frequentes.

Eu me correspondo com um prisioneiro. Na verdade, ele escreve muito mais. Ele tem de três a cinco anos para refletir sobre seus erros financeiros. A vergonha e a preocupação se alternam dominando as páginas — vergonha pelo erro, preocupação com as consequências. Ele decepcionou a todos que ama. Incluindo Deus. Teme que já tenha pecado para além da paciência de Deus.

Ele não é o único. "O poço de graça de Deus deve ter um fundo", argumentamos. "Uma pessoa tem limite das vezes em que pode pedir perdão", diz nosso bom senso. "Desconte cheques demais de misericórdia e, mais cedo ou mais tarde, um deles vai bater sem fundos!" O demônio adora essa linha de pensamento. Se ele conseguir nos convencer de que a graça de Deus tem fundos limitados, chegaremos a uma conclusão lógica: a conta está vazia. Deus trancou a porta da sua sala do trono. Bata o quanto quiser; ore o quanto quiser. Não há acesso a Deus.

Esse "não há acesso a Deus" libera uma colmeia de preocupações. Somos órfãos, desprotegidos e expostos. O céu, se existe, foi removido do itinerário. Vulneráveis nesta vida e amaldiçoados na próxima. O medo de decepcionar a Deus tem dentes.

Mas Cristo tem fórceps. Em sua primeira referência ao medo, ele arranca os dentes do medo. "Tenha bom ânimo, filho; os seus pecados estão perdoados" (Mateus 9:2). Note como Jesus coloca *ânimo* e *pecados perdoados* na mesma frase. A bravura começa quando o problema do pecado está resolvido? Vejamos.

Jesus disse estas palavras a uma pessoa que não podia se mover. "Um paralítico, deitado em sua maca..." (Mateus 9:2). O homem deficiente não podia levar o cachorro para passear ou dar uma corridinha no quarteirão. Mas ele tinha quatro amigos, e seus amigos tinham um palpite. Quando eles ouviram que Jesus estava visitando sua cidade, puseram seu amigo em uma maca e foram ver o mestre. Uma audiência com Cristo poderia fazer bem a seu amigo.

Não havia mais lugares para se sentar na residência onde Jesus falava. As pessoas se sentavam nas janelas, amontoavam-se nas portas. Dava para imaginar que o próprio Deus estava fazendo a aparição de Cafarnaum. Sendo o tipo de pessoas que não desistiam tão facilmente, os amigos bolaram um plano. "Não podendo levá-lo até Jesus, por causa da multidão, removeram parte da cobertura do lugar onde Jesus estava e, pela abertura no teto, baixaram a maca em que estava deitado o paralítico" (Marcos 2:4).

Foi uma estratégia arriscada. A maioria das pessoas não gosta que removam o telhado de suas casas. A maioria dos paraplégicos não gosta de uma descida por uma corda através do buraco de um telhado. E a maioria dos mestres não gosta de um espetáculo no meio de sua aula. Não sabemos a reação do dono da casa ou do homem na maca. Mas sabemos que Jesus não se opôs. Mateus não pinta exatamente um sorriso em seu rosto. Cristo lhe deu uma bênção antes que se lhe pedisse. E deu uma bênção que ninguém esperava: "Tenha bom ânimo, filho; os seus pecados estão perdoados" (Mateus 9:2). Nós não esperaríamos palavras diferentes? "Tenha bom ânimo, filho; sua perna está curada." "Sua paralisia se foi." "Inscreva-se na corrida de São Silvestre."

O homem tinha os membros firmes como espaguete e no entanto Jesus lhe ofereceu misericórdia, não músculos. O que ele tinha na cabeça? Simples. Ele estava pensando no nosso pior problema: o pecado. Ele estava pensando no nosso pior medo: o medo de falhar com Deus. Antes de Jesus curar o corpo (o que também fez), tratou da alma. "Tenha bom ânimo, filho; os seus pecados estão perdoados."

Pecar é desconsiderar Deus, ignorar seus ensinamentos, negar suas bênçãos. Pecar é viver sem Deus, concentrando a vida no meio da palavra *D<u>eu</u>s*. A vida do pecador é concentrada no eu, e não em Deus. Não foi essa a escolha de Adão e Eva?

Antes de seu pecado, eles habitavam em um mundo sem medo. Apenas um com a criação, um com Deus, um com o outro. O Éden era um "m-**um**-do" maravilhoso com apenas um mandamento: não toque na árvore do conhecimento. Adão e Eva tinham uma escolha e, a cada dia, eles escolhiam confiar em Deus. Mas aí veio a serpente, semeando a dúvida e oferecendo um acordo melhor. "Foi isto mesmo que Deus disse...", questionou (Gênesis 3:1). "Vocês, como Deus", ofereceu (Gênesis 3:5).

De uma hora para outra, Eva passou a ter medo. Alguns dizem que ela foi orgulhosa, rebelde, desobediente... mas antes disso ela não teve medo? Medo de que Deus não estivesse dando tudo, de que ela estivesse perdendo alguma coisa? Medo de que o Éden não fosse o bastante? De que Deus não fosse salvá-los?

Suponha que ela e Adão tivessem desafiado esses medos. Que tivessem se recusado a dar solo às sementes da dúvida da serpente. "Você está errado, seu réptil. Nosso criador nos forneceu provisões para cada necessidade nossa. Não temos razão para duvidar dele. Volte para o buraco de onde você veio." Mas eles não disseram isso. Eles não souberam lidar com o medo, e o medo os derrotou.

Eva parou de confiar em Deus e tomou o assunto — e o fruto — em suas próprias mãos. "Só para o caso de Deus não conseguir, eu conseguirei." Adão a seguiu.

Adão e Eva fizeram o que fazem as pessoas que têm medo. Correram para se defender. "Esconderam-se da presença do SENHOR Deus entre as árvores do jardim. Mas o SENHOR Deus chamou o homem, perguntando: 'Onde está você?' E ele respondeu: 'Ouvi teus passos no jardim e fiquei com medo'" (Gênesis 3:8-10).

O medo, se não cuidado, leva ao pecado. Como todos nós já pecamos, todos nos escondemos, não entre as árvores, mas em semanas de oitenta horas de trabalho, acessos de ira e estando ocupados demais para a religião. Evitamos contato com Deus.

Estamos convencidos de que Deus deve odiar nossas tendências más. Com certeza estamos. Não gostamos das coisas que fazemos e dizemos. Desprezamos nossos pensamentos lascivos, julgamentos cruéis e atos egoístas. Se nosso pecado nos dá náuseas, ele deve enojar ainda mais um Deus santo! Chegamos a uma conclusão prática: Deus está irreparavelmente zangado conosco. Então o que nos resta fazer a não ser nos escondermos entre as árvores ao ouvir a sua voz?

O profeta Isaías diz que o pecado nos deixa perdidos e confusos como ovelhas perdidas. "Todos nós, tal qual ovelhas, nos desviamos, cada um de nós se voltou para o seu próprio caminho" (Isaías 53:6). Se o profeta tivesse conhecido minha cadela, ele poderia ter escrito: "Todos nós, tal qual Molly, nos desviamos..."

Para um cão tão meigo, ela é teimosa e rebelde demais. Uma vez que o nariz dela capte o cheiro da churrasqueira ou do lixo destampado do vizinho, não existem comandos que possam controlá-la. Você não quer saber quantas vezes este pastor correu atrás de seu cão pela rua, gritando coisas que um pastor não deveria. Ela peca, vivendo como se seu mestre não existisse. Ela é famosa por fugir.

Semana passada, pensamos que ela tivesse fugido para sempre. Pusemos a foto dela em quadros de avisos, rodamos a vizinhança de carro chamando-a pelo nome. Finalmente, depois de um dia inútil, fui ao abrigo de animais e descrevi Molly à diretora do local. Ela me desejou boa sorte e apontou para um prédio que parecia um quartel com um aviso de "cães fugitivos" na porta.

Aviso aos que adoram cães: não vão lá! Não via tanta tristeza desde que fecharam o cinema *drive-in* da minha cidade. Jaula após jaula de olhos desejosos, amedrontados. Grandes, redondos. Estreitos, escuros. Alguns tinham as sobrancelhas grossas de um cocker spaniel. Outros tinham a cabeça careca como um chihuahua. Diferentes raças mas o mesmo apuro. Perdidos como gansos cegos sem noção de como ir para casa.

Dois terriers, de acordo com uma nota no portão, foram encontrados em uma estrada remota. Alguém encontrou um velho poodle em um beco. Pensei tê-la encontrado quando vi um golden retriever com pelo bonito. Mas não era Molly. Era macho com os olhos tão castanhos e solitários que quase lhe renderam uma vaga no meu banco de trás.

Não encontrei Molly no abrigo.

Eu tive, no entanto, uma ânsia louca no abrigo. Eu queria anunciar a declaração de Jesus: "Tenha bom ânimo. Vocês não estão mais perdidos!" Eu queria levar os cães fugitivos para casa comigo, destrancar porta após porta e encher o meu carro com cães latindo e abanando a cauda. Eu não o fiz. Por mais que eu quisesse salvar os cães, eu queria ainda mais continuar casado.

Mas eu tive a ânsia e esse impulso me ajuda a entender por que Jesus fez do perdão o seu primeiro pronunciamento contra o medo. Sim, nós decepcionamos Deus. Mas não, Deus não nos abandonou.

> Pois ele nos resgatou do domínio das trevas e nos transportou para o Reino do seu Filho amado (Colossenses 1:13).

> Quem nele crê não é condenado (João 3:18).
>
> [...] todo aquele que olhar para o Filho e nele crer tenha a vida eterna, e eu o ressuscitarei no último dia (João 6:40).
>
> Escrevi-lhes estas coisas, a vocês que creem no nome do Filho de Deus, para que vocês *saibam* que têm a vida eterna (1 João 5:13).

Jesus nos ama demais para nos deixar em dúvida em relação à sua graça. Seu "perfeito amor expulsa o medo" (1 João 4:18). Se Deus amasse com um amor imperfeito, teríamos grandes motivos para nos preocupar. O amor imperfeito mantém uma lista de pecados e a consulta o tempo todo. Deus não mantém uma lista dos nossos erros. Seu amor expulsa o medo porque ele expulsa o nosso pecado!

Amarre seu coração a essa promessa e aperte o nó. Lembre-se das palavras da epístola de João: "Pois se o nosso coração nos condenar, Deus é maior do que o nosso coração e sabe todas as coisas" (1 João 3:20). Quando você se sentir sem perdão, deixe os sentimentos de lado. As emoções não votam. Volte para as Escrituras. A palavra de Deus tem preferência sobre a autocrítica e a autodúvida.

Como Paulo disse a Tito: "Porque a graça de Deus se manifestou salvadora a todos os homens. [...] É isso que você deve ensinar, exortando-os e repreendendo-os com toda a autoridade. Ninguém o despreze" (Tito 2:11,15). Você conhece a graça de Deus? Então você pode amar com coragem, viver robustamente. Você pode pular de trapézio em trapézio; a rede de segurança dele vai amparar a sua queda.

Nada fomenta a coragem como um entendimento claro da graça.

E nada fomenta o medo como uma ignorância da misericórdia. Posso falar abertamente? Se você não aceitou o perdão de Deus, você está condenado ao medo. Nada pode salvá-lo da percepção atormentadora de que você desconsiderou seu criador e desobedeceu à sua instrução. Nenhum remédio, conversa motivadora, psiquiatra ou bem material pode acalmar o coração do pecador. Você pode amansar o medo, mas não pode removê-lo. Só a graça de Deus pode.

Você já aceitou o perdão de Cristo? Se não tiver, faça-o. "Se confessarmos os nossos pecados, ele é fiel e justo para perdoar os nossos pecados e nos purificar de toda injustiça" (1 João 1:9). Sua prece pode ser simples assim: *Amado Pai, eu preciso de perdão. Eu admito que me afastei de vós. Por favor, perdoai-me. Coloco minha alma nas vossas mãos e minha confiança na vossa graça. Por intermédio de Jesus eu oro, amém.*

Tendo recebido o perdão de Deus, viva perdoado! Jesus curou as suas pernas, então ande. Jesus abriu a jaula do canil, então saia. Quando Jesus o liberta, você está realmente livre.

Mas você pode precisar silenciar alguns galos. Booker T. Washington relata uma história útil do dia em que sua mãe fez isso. Todas as manhãs em sua jovem vida, ele, juntamente com todos os escravos da plantação, era acordado pelo cantar de um galo. Muito antes de o dia nascer, o barulho incômodo preenchia as senzalas, lembrando Washington e seus companheiros trabalhadores de sairem da cama e partirem para os campos de algodão. O cantar do galo passou a simbolizar a sua vida ditada pelos longos dias e pelo trabalho árduo.

Mas aí veio a Proclamação da Emancipação. Abraham Lincoln decretou a liberdade para os escravos. Na sua primeira manhã em liberdade, o jovem Booker foi acordado pelo galo de novo. Só que dessa vez a sua mãe estava correndo atrás dele pelo celeiro com um machado. A família Washington fritou e comeu o seu despertador no almoço. Seu primeiro ato de liberdade foi silenciar o lembrete da escravidão.

Algum galo anda lhe tirando o sono? Pode ser que você precise afiar a lâmina. A boa nova do evangelho é: sim, a graça dele é real, assim como a nossa liberdade.[2]

A propósito, o caso da Molly desaparecida? Ela apareceu no quintal de um vizinho. Acabou que ela não estava tão longe de casa quanto todos temíamos. E você, como ela, também não está.

Capítulo 4

Medo da escassez

Aflição, vá embora

Portanto eu lhes digo:
Não se preocupem com sua própria vida,
quanto ao que comer ou beber.

Mateus 6:25

A senhora Preocupada está na fila da segurança do aeroporto e tira a sua pulseira. Ela já colocou seus sapatos em um cesto de borracha, os líquidos no saco plástico e tirou o cartão de embarque da bolsa. Seu estômago se aperta enquanto espera sua vez de passar pelo *scanner* corporal que vai lhe identificar como não portadora de armas. Ela se pergunta sobre o fungo no chão, a habilidade dos operadores do *scanner* e o que aconteceu com o dia em que um viajante podia simplesmente passar pelo portão e pegar o voo. Ela detesta a ideia, mas deixa, enfim. *Um dia desses a nossa sorte vai acabar.* Ela olha além da máquina de raios X para o agente de segurança, que passa uma espécie de bastão em volta do corpo de uma senhora idosa. Preocupada começa a sentir pena dela, mas então decide não mais sentir aquilo. Terroristas envelhecem também. Ela se preocupa que a vovó possa estar em seu voo.

★

O senhor Preocupado se senta na fileira de trás da aula de inglês como língua estrangeira. Ele preferiria a fileira da frente, mas, quando conseguiu pegar o ônibus e aguentar o trânsito da noite, os melhores assentos já estavam tomados. Suas mãos ainda têm cheiro da água de lavar pratos que usara em seu trabalho desde as seis da manhã. Dentro de 12 horas ele estará na pia de novo, mas, no momento, ele faz o seu melhor para entender verbos, advérbios e substantivos. Todo mundo parece entender. Ele não entende. Ele nunca analisou uma frase em espanhol; como irá fazê-lo em inglês? No entanto, como ele irá fazer algo além de lavar pratos sem saber falar inglês? O senhor Preocupado tem mais perguntas do que respostas, mais trabalho do que energia e muitas vezes pensa em desistir.

★

A senhora Preocupada acha que seu filho deveria usar um cachecol. A temperatura hoje não vai ficar acima de zero e ela sabe que ele vai passar mais da metade de sua hora de almoço chutando uma bola de futebol sobre a grama congelada. Ela sabe que não adianta mandar que ele se agasalhe. Adolescentes de 13 anos não usam cachecóis. Mas o adolescente dela tem tendência a ter infecções e dores de ouvido, então ela põe um cachecol em sua mochila perto do dever de casa de álgebra que deixou a ambos acordados até tarde ontem à noite. Preocupada lhe lembra de revisar o dever, lhe dá um beijo e observa enquanto ele corre pela porta para entrar no ônibus que o aguarda. Ela olha para cima para o céu cinzento e pergunta a Deus se ele entrega pacotes de alívio via aérea para mães cansadas. "Você tem uma precisando de uma força aqui embaixo."

★

Preocupado acordou às 4h30 da manhã de hoje, com dificuldades com este capítulo. Ele precisa estar pronto até as cinco da tarde. Puxei o travesseiro sobre a minha cabeça e tentei em vão retornar ao mundo maravilhoso dos sonhos que não sabe nada a respeito de prazos. Mas era tarde demais. O tiro de largada já tinha sido dado. Uma equipe olímpica de sinapses estava correndo por meu cérebro, dando uma dose de adrenalina. Então Preocupado levantou-se da cama e se vestiu; saiu da casa para as ruas silenciosas e dirigiu até o escritório. Murmurei, primeiro por causa do calendário lotado, depois por causa da minha má administração de tempo. Preocupado abriu a porta, ligou o computador, olhou para a passagem no monitor e sorriu com o primeiro versículo: a definição de Jesus de preocupação.

> Portanto eu lhes digo: Não se preocupem com sua própria vida, quanto ao que comer ou beber (Mateus 6:25).

Escassezes e vazios habitam nossas trilhas. Falta de tempo, de sorte, de sabedoria, de inteligência. Tudo está acabando, parece, e assim nós nos preocupamos. Mas preocupar-se não adianta.

> Observem as aves do céu: não semeiam nem colhem nem armazenam em celeiros; contudo, o Pai celestial as alimenta. Não têm vocês muito mais valor do que elas? Quem de vocês, por mais que se preocupe, pode acrescentar uma hora que seja à sua vida? (Mateus 6:26,27)

A aflição não vai encher a barriga de um pássaro com comida nem uma pétala de flor com cores. Pássaros e flores parecem estar bem, e não tomam antiácidos. E mais, você pode dedicar uma década de pensamentos ansiosos sobre a brevidade da vida e não estendê-la em um minuto sequer. A preocupação não leva a nada.

Suponha que eu tivesse respondido de maneira diferente ao alarme indesejado. Em vez de me atirar à tarefa, suponha que eu tivesse me encolhido em posição fetal e lamentado o meu estado patético. "O editor espera demais de mim! Todos os anos um novo livro. Todos os livros completos com capítulos. Poxa, nem Jesus aguentaria tanto estresse. Eu nunca vou cumprir o prazo. Quando eu não o cumprir, o pessoal do editorial vai me odiar e revogar meu contrato. As livrarias vão ouvir sobre o meu prazo perdido e vão queimar livros de Lucado em seus estacionamentos. Minha mulher vai ficar humilhada, meus filhos desterrados. Acho que vou tomar Jack Daniel's de café da manhã."

Está vendo o que aconteceu? A preocupação legítima se transformou em pânico tóxico. Eu ultrapassei um limite para o estado de aflição. Não mais na expectativa ou nos preparativos, eu me tornei membro da Fraternidade dos Aflitos. Cristo nos avisa quanto a isso. Veja o que ele diz: "Portanto eu lhes digo: Não se preocupem com sua própria vida, quanto ao que comer ou beber" (Mateus 6:25).

Jesus não condena a preocupação legítima com as responsabilidades mas a mentalidade contínua que dispensa a presença de Deus. A ansiedade destrutiva subtrai Deus do futuro, encara as incertezas sem fé, soma os desafios do dia sem incluir Deus na equação. A preocupação é a câmara escura onde os negativos se tornam retratos.

Um amigo viu um exemplo de perpétua aflição em sua filha de seis anos de idade. Em sua pressa de se vestir para a escola, ela deu um nó nos cadarços. Ela se jogou na base da escada e pôs a cabeça para funcionar naquele emaranhado de cadarços. O ônibus da escola estava vindo, os minutos estavam passando e ela nem parou para pensar que o pai dela estava ao lado, disposto a ajudar assim que ela pedisse. Suas mãozinhas começaram a tremer e as lágrimas a cair. Finalmente, em uma expressão de total frustração, ela abaixou a testa nos joelhos e começou a chorar copiosamente.

Esse é o retrato em tamanho infantil da preocupação destrutiva. Uma fixação com um nó ao ponto da raiva e exasperação, alheia à presença do nosso pai, que está logo ali ao lado. Meu amigo finalmente tomou a responsabilidade de ir ao auxílio de sua filha.

Para início de conversa: por que ela não pediu a ajuda de seu pai? Poderíamos perguntar a mesma coisa a respeito dos discípulos. Bastava que eles pedissem ajuda.

Jesus estava com eles em um retiro. Seu coração estava pesado pela notícia do assassinato de João Batista, então ele disse aos discípulos: "Venham comigo para um lugar deserto e descansem um pouco" (Marcos 6:31).

Mas aí chegou a multidão faminta. Muitas pessoas — quinze, talvez vinte mil pessoas — os seguiam. Uma diversidade de sofrimento e doença que não trouxe nada além de necessidades. Jesus tratava as pessoas com bondade. Os discípulos não compartilhavam de sua compaixão. "Ao cair da tarde, os discípulos aproximaram-se dele e disseram: 'Este é um lugar deserto, e já está ficando tarde. Manda embora a multidão para que possam ir aos povoados comprar comida'" (Mateus 14:15).

Opa, alguém estava um pouco irritadiço. Os discípulos geralmente começavam seus comentários com o respeitoso *Senhor*. Não dessa vez. A ansiedade nos torna tiranos. Eles mandaram, não pediram: "Manda embora a multidão para que possam ir aos povoados comprar comida." *Será que eles acham que temos as chaves do Fort Knox?* Os discípulos não tinham os recursos para tamanha multidão.

Seu desrespeito não perturbou Jesus; ele simplesmente lhes deu uma tarefa: "Eles não precisam ir. Deem-lhes vocês algo para comer" (Mateus 14:16). Estou imaginando alguns dando de ombros e rolando os olhos, os discípulos se amontoando e contando seus suprimentos. Provavelmente Pedro puxou a discussão murmurando: "Vamos contar os pães: um, dois, três, quatro, cinco. Eu tenho cinco pães. André, confira por favor." Ele confere: "Um, dois, três, quatro, cinco..."

Pedro pôs os pães de lado e perguntou pelos peixes. Mesmo ritual, número menor. "Peixes? Deixe-me ver. Um, dois, três... Nada disso. Eu contei um peixe duas vezes. Parece que o total de peixes é de dois!"

O total estava declarado. "Tudo o que temos aqui são cinco pães e dois peixes" (Mateus 14:17). A palavra *tudo* se destaca. Como se dissessem: "Nossos recursos são inapelavelmente insignificantes. Não sobrou nada além deste mísero almoço." O marcador de combustível estava marcando vazio; o relógio estava na última hora; o salgadinho estava reduzido a migalhas. Filipe adicionou uma auditoria pessoal: "Duzentos denários não comprariam pão suficiente para que cada um recebesse um pedaço!" (João 6:7). O ponto de exclamação era um ponto de exasperação. "O que pedes é demais!"

Como você imagina que Jesus se sentiu quanto ao inventário da cesta? Alguma possibilidade de ele querer incluir o resto das possibilidades? Envolver todas as opções? Você acha que ele estava torcendo para alguém contar até oito?

"Bem, vejamos. Temos cinco pães, dois peixes e... Jesus!" Jesus Cristo. O mesmo Jesus que nos disse:

> Peçam, e lhes será dado; busquem, e encontrarão; batam, e a porta lhes será aberta (Lucas 11:9).
>
> Se vocês permanecerem em mim, e as minhas palavras permanecerem em vocês, pedirão o que quiserem, e lhes será concedido (João 15:7).

Tudo o que vocês pedirem em oração, creiam que já o receberam, e assim lhes sucederá (Marcos 11:24).

Ao lado dos discípulos estava a solução para seus problemas... mas eles não recorreram a ela. Eles pararam a contagem no sete e se preocuparam.

E você? Está contando até sete, ou oito?

Aqui estão oito calmantes para expandir a sua conta:

1. *Primeiro ore.* Não fique andando de um lado para o outro na sala de espera; ore por uma cirurgia bem-sucedida. Não murmure com o colapso de um investimento; peça que Deus lhe ajude. Não se junte ao coro de colegas que reclamam do chefe; convide-os a abaixar a cabeça com você e orar por ele. Inocule-se internamente para enfrentar seus medos externamente. "Lancem sobre ele toda a sua ansiedade [todas as suas preocupações, de uma vez por todas]..." (1 Pedro 5:7).
2. *Espere um pouco, desacelere.* "Descanse no SENHOR e aguarde por ele com paciência" (Salmo 37:7). Faça como a mãe de Jesus no casamento em Caná. Acabou o vinho na recepção, uma coisa socialmente inaceitável nos dias de Jesus. Maria poderia ter culpado o anfitrião por não ter planejado direito ou os convidados por terem bebido demais, mas ela não fez tempestade em copo d'água. Nada de sessões de terapia. Em vez disso, ela levou a falta de vinho a Jesus: "Tendo acabado o vinho, a mãe de Jesus lhe disse: 'Eles não têm mais vinho'" (João 2:3). Veja com que presteza você pode fazer o mesmo. Avalie o problema. Leve-o a Jesus e declare-o claramente.

3. *Aja a respeito.* Torne-se um esbofeteador de preocupações. Trate aflições como a mosquitos. Você demora a agir quando um inseto sugador de sangue pousa sobre sua pele? "Daqui a pouco eu cuido dele." É claro que não! Você dá à criatura o tapa que ela merece. Seja igualmente decidido com a ansiedade. No momento em que uma preocupação aparecer, lide com ela. Não conviva com ela. Espante as preocupações antes que elas levem o melhor de você. Não desperdice uma hora imaginando o que sua chefe acha; pergunte a ela. Antes de você dar o diagnóstico de câncer àquela mancha, faça um exame. Em vez de acreditar que nunca vai sair das dívidas, consulte um especialista. Seja gente que faz, não fique cozinhando.
4. *Compile uma lista de preocupações.* Em um período de alguns dias registre seus pensamentos ansiosos. Mantenha uma lista de todas as coisas que o incomodam. Depois as reveja. Quantas delas se tornaram realidade? Você se preocupou ao pensar que a sua casa ia pegar fogo. Pegou? Que seu emprego seria terceirizado. Foi?
5. *Enumeradas as categorias de preocupação, analise-as.* Sua lista realçará temas de preocupação. Você detectará áreas recorrentes de preocupação que podem se tornar obsessões: o que as pessoas pensam de você; finanças; calamidades globais; sua aparência ou seu desempenho. Ore especificamente por elas.

6. *Foco no presente*. Deus supre as necessidades diárias diariamente. Não semanalmente ou anualmente. Ele lhe dará o que você precisa quando for preciso. "Assim, aproximemo-nos do trono da graça com toda a confiança, a fim de recebermos misericórdia e encontrarmos graça que nos ajude *no momento da necessidade*" (Hebreus 4:16). Um cântico antigo expressa o coração que essa paciente espera criar.

   Não tão rápido, meu coração!
   Tenha fé em Deus e espere;
   Embora ele demore,
   Ele nunca vem tarde demais.
   Ele nunca vem tarde demais;
   Ele sabe o que é o melhor;
   Não se aborreça em vão;
   Até ele vir, descanse.

   Até ele vir, descanse,
   Não fique contando as horas que passam;
   Os pés que esperam por Deus
   São os primeiros a chegar.

   São os primeiros a chegar
   E não pela velocidade;
   Então se acalme, meu coração,
   Pois eu vou esperar por ele.[1]

7. *Una forças com seus entes queridos*. Compartilhe seus sentimentos com alguns entes queridos. Peça que

eles orem com e por você. Eles estão mais dispostos a ajudá-lo do que você pode imaginar. Menos preocupação da sua parte significa mais felicidade da parte deles.

8. *Lute para que Deus seja suficiente.* Jesus conclui seu chamado à calma com esse desafio: "Pois os pagãos é que correm atrás dessas coisas; mas o Pai celestial sabe que vocês precisam delas. Busquem, pois, em primeiro lugar o Reino de Deus e a sua justiça, e todas essas coisas lhes serão acrescentadas" (Mateus 6:32,33).

Busque primeiro o reino da riqueza, e você se preocupará com cada dólar. Busque primeiro o reino da saúde, e você se preocupará com cada mancha ou calombo em seu corpo. Busque primeiro o reino da popularidade, e você reviverá cada conflito. Busque o reino da segurança, e você pulará a cada som de galho quebrado. Mas busque primeiro o reino dele, e você o encontrará. Disso podemos depender e sem que nunca nos preocupemos.

Oito passos. **P**rimeiro ore. **E**spere um pouco, desacelere. **A**ja a respeito. **C**ompile uma lista de preocupações. **E**numeradas as categorias de preocupação, analise-as. **F**oco no presente. **U**na forças com seus entes queridos. **L**ute para que Deus seja suficiente.

P-E-A-C-E-F-U-L – fique em paz.

(É melhor eu parar com isso. São quase cinco da tarde.)

Capítulo 5

Medo de não proteger meus filhos

Meu filho está em perigo

Não tenha medo;
tão-somente creia, e ela será curada.

Lucas 8:50

Ninguém me disse que os recém-nascidos fazem barulhos durante a noite. Durante a noite toda. Eles gorgolejam; eles arfam. Eles choramingam; eles reclamam. Eles estalam os lábios e suspiram. Eles mantêm o papai acordado. Pelo menos Jenna me manteve acordado. Eu queria que Denalyn dormisse. Graças a uma mistura de remédios, o descanso dela pós-parto foi pouco. Então, na nossa primeira noite em casa com a nossa primeira filha, eu me ofereci como voluntário para servir, sendo o primeiro a atender aos chamados do nosso bebê. Embrulhamos os nossos três quilos e setecentos e cinquenta gramas de beleza em um lençol rosa macio, a colocamos no berço e o colocamos ao meu lado da cama. Denalyn caiu logo em um sono profundo. Jenna seguiu o exemplo de sua mãe. E o papai? Este pai não sabia o que entender dos barulhos de bebê.

Quando a respiração de Jenna diminuía, eu punha a orelha bem perto de sua boca para ver se ela estava viva. Quando a respiração dela acelerava, eu procurava "hiperventilação infantil" na enciclopédia médica da família. Quando ela gorgolejava e ofegava, eu também o fazia. Depois de duas horas eu percebi: *Não tenho ideia de como me comportar!* Levantei Jenna de sua cama, levei-a para a sala do nosso apartamento e me sentei em uma cadeira de balanço. Foi aí que um tsunami de sobriedade me atingiu.

"Estamos responsáveis por um ser humano."

Não me importa o quão durão você seja. Você pode ser um paraquedista especializado em *skydiving* em grandes altitudes detrás de linhas inimigas. Você pode passar cada dia tomando decisões multimilionárias de mercado em frações de segundo. Não importa. Todo pai ou mãe congela no momento em que sente a força total da paternidade.

Eu congelei.

Como eu fui me meter nisso? Refiz meus passos. Primeiro veio o amor, depois o casamento, depois vieram as *conversas* sobre filhos. É claro que eu estava aberto à ideia. Principalmente quando eu pensei na minha parte no esforço total. De alguma forma, durante o projeto de expansão de nove meses, a realidade da paternidade não me pegou de jeito. As mulheres estão concordando e sorrindo. "Nunca subestime a densidade de um homem", vocês dizem. É verdade. Mas as mães têm uma vantagem: 36 semanas de lembretes dando cotoveladas dentro delas. O nosso chute no estômago vem depois. Mas ele vem. E para mim veio na calada da noite na sala de estar de um apartamento no Rio de Janeiro, Brasil, enquanto eu segurava um ser humano nos meus braços.

O caminhão da paternidade vem carregado de medos. Tememos falhar com a criança, esquecer a criança. Teremos dinheiro suficiente? Respostas suficientes? Fraldas suficientes? Espaço suficiente nas gavetas? Vacinas. Educação. Dever de casa. Visitas à escola. Isso basta para manter um pai acordado à noite.

E embora aprendamos a cooperar, um apiário de perigos zumbe no fundo. Pense na mãe que me telefonou ontem à noite. Uma batalha está sendo travada pela guarda de seu filho de dez anos. Os tribunais, o pai, a mãe, os advogados — estão esticando o menino como chiclete. Ela não sabe se o filho vai sobreviver ao martírio.

Assim como os pais da filha adolescente que teve um colapso em um treino de vôlei. Ninguém sabia sobre seu problema de coração ou sabe como ela vai ficar. Quando oramos ao lado da cama dela, as lágrimas de sua mãe deixaram círculos nos lençóis.

Pelo menos eles sabem onde seu filho está. A mãe que ligou para nossa igreja pedindo orações não o sabe. Sua filha, no terceiro ano do ensino médio, fugiu com um namorado. Ele curte drogas. Ela também. Os dois estão em apuros. A mãe implora ajuda.

Destilarias de medo produzem uma mistura de alta octanagem para pais — uma dose básica, de tirar o pulso e revirar o estômago. Quer mamãe e papai mantenham vigília na unidade neonatal, façam visitas a uma prisão juvenil, ou escutem uma batida de bicicleta e o grito de uma criança na entrada de casa, sua reação é a mesma: "Tenho que fazer algo." Nenhum pai consegue ficar parado enquanto seu filho sofre.

Jairo não conseguia.

> Quando Jesus voltou, uma multidão o recebeu com alegria, pois todos o esperavam. Então um homem chamado Jairo, dirigente da sinagoga, veio e prostrou-se aos pés de Jesus, implorando-lhe que fosse à sua casa porque sua única filha, de cerca de doze anos, estava à morte. Estando Jesus a caminho, a multidão o comprimia (Lucas 8:40-42).

Jairo era um líder comunitário em Cafarnaum, "um dos dirigentes da sinagoga" (Marcos 5:22). Prefeito, bispo e *ombudsman*, tudo de uma só vez. O tipo de homem que uma cidade enviaria para receber uma celebridade. Mas quando Jairo se aproximou de Jesus no litoral da Galileia, não estava representando seu vilarejo; estava implorando em nome de sua filha.

A urgência eliminou as formalidades dessa saudação. Ele não fez nenhuma saudação nem deu nenhum elogio, apenas uma prece de pânico. Mais adiante, o evangelho diz: "[Jairo] prostrou-se aos seus pés e lhe implorou insistentemente: 'Minha filhinha está morrendo! Vem, por favor, e impõe as mãos sobre ela, para que seja curada e que viva'" (Marcos 5:22,23).

Jairo não é o único pai a aparecer nas páginas do evangelho em nome de um filho. Uma mãe saiu correndo dos montes cananeus gritando: "Senhor, Filho de Davi, tem misericórdia de mim! Minha filha está endemoninhada e está sofrendo muito" (Mateus 15:22). O pai de um menino atormentado por acessos buscou ajuda dos discípulos, e depois de Jesus. Chorou: "Creio, ajuda-me a vencer a minha incredulidade!" (Marcos 9:24).

A mãe cananeia. O pai do menino epilético. Jairo. Esses três pais de uma sociedade ignorante do Novo Testamento: pais com dificuldades com filhos doentes. Eles seguravam o lado deles da corda com uma mão e foram a Cristo com a outra. Em cada um dos casos Jesus respondeu. Ele nunca virou as costas para nenhum.

Na história de Jairo, Jesus reagiu deliberada, rápida e decididamente. Nota para todos os pais em pânico: Jesus está atento às preocupações nos corações dos pais.

Afinal, nossos filhos foram primeiro filhos dele. "Os filhos são herança do Senhor, uma recompensa que ele dá" (Salmo 127:3). Antes de serem nossos, eram dele. Mesmo enquanto são nossos, ainda são dele.

Nós temos a tendência de esquecer esse fato, considerando nossos filhos como "nossos" filhos, como se tivéssemos a palavra final em sua saúde e bem-estar. Não temos. Todas as pessoas são pessoas de Deus, incluindo as pessoinhas que se sentam à nossa mesa. Sábios são os pais que regularmente tornam seus filhos a Deus.

Abraão é famoso por ter dado esse exemplo. O pai da fé também foi pai de um filho, Isaque. Abraão e Sara esperaram quase um século para essa criança nascer. Eu não sei o que é mais fantástico, o fato de que Sara engravidou aos noventa anos ou o de que ela e Abraão, com essa idade, ainda estivessem tentando conceber. De todos os presentes que Deus lhes deu, Isaque foi o maior. De todas as ordens que Deus deu a Abraão, essa foi a mais difícil: "Então disse Deus: 'Tome seu filho, seu único filho, Isaque, a quem você ama, e vá para a região de Moriá. Sacrifique-o ali como holocausto num dos montes que lhe indicarei'" (Gênesis 22:2).

Abraão selou o jumento, levou Isaque e dois servos e partiu para o lugar do sacrifício. Quando viu o monte no horizonte, instruiu seus servos a ficar e esperar. E disse uma coisa digna de nota especial: "Fiquem aqui com o jumento enquanto eu e o rapaz vamos até lá. Depois de adorarmos, voltaremos" (Gênesis 22:5).

Veja como Abraão foi confiante ao dizer "*nós* voltaremos". "Abraão levou em conta que Deus pode ressuscitar os mortos e, figuradamente, recebeu Isaque de volta dentre os mortos" (Hebreus 11:19). Deus interrompeu o sacrifício e poupou Isaque.

Jairo estava torcendo pelo mesmo com sua filha. Implorou que Jesus fosse a sua casa (Lucas 8:41). O pai não se contentava com assistência a distância; ele queria Cristo sob seu telhado, andando por entre seus cômodos, se pondo de pé ao lado da cama de sua filha. Ele queria que a presença de Cristo permeasse sua casa.

Minha esposa mostra a mesma ânsia. Um dia perguntarei a Deus: "Por que tu foste tão bom para mim e para minhas filhas?" e ele responderá apontando para Denalyn: "Ela ficava falando sobre você e suas filhas." Denalyn caminha regularmente orando por nossa casa, entrando em cada quarto e em cada sala. Ela pausa para orar por suas filhas e pelo seu marido. Ela se aproveita do convite de Lamentações 2:19: "Derrame o seu coração como água na presença do Senhor. Levante para ele as mãos em favor da vida de seus filhos" (Lamentações 2:19).

Pais, podemos fazer isso. Podemos ser advogados leais, intercessores teimosos. Podemos levar nossos medos em relação à paternidade a Cristo. Na verdade, se não o fizermos, passaremos nossos medos para nossos filhos. O medo transforma alguns pais em carcereiros paranoicos que monitoram a cada minuto, checam o passado de cada amigo. Eles sufocam o crescimento e comunicam desconfiança. Uma família sem espaço para respirar sufoca um filho.

Por outro lado, o medo também pode criar pais permissivos. Por medo de que seu filho vá ficar confinado demais, eles baixam todos os limites. Bons no carinho e maus na disciplina. Eles não percebem que a disciplina apropriada é uma expressão de amor. Pais permissivos. Pais paranoicos. Como podemos evitar os extremos? Nós oramos.

A oração é o prato onde os medos de pai são postos para esfriar. Jesus diz pouco sobre a paternidade, não faz nenhum comentário sobre palmadas, amamentação, rivalidade entre irmãos ou escola. E no entanto suas ações falam muito sobre a oração. Cada vez que um pai ora, Cristo responde. Sua maior mensagem para mães e pais? Tragam seus filhos a mim. Crie-os em uma estufa de orações.

Quando você os mandar para um dia de escola, faça-o com uma bênção. Quando você lhes der boa-noite, cubra-os de oração. Sua filha está enrolada com o trabalho de geografia?

Ore com ela sobre isso. Seu filho está intimidado pela nova menina? Ore com ele sobre ela. Ore para que seus filhos se sintam profundamente bem neste mundo e tenham um lugar celestial no próximo.

Alguns anos atrás, eu testemunhei um pai levando essa prioridade a sério durante um culto em um domingo de manhã. Quando comungamos, escutei um garotinho perguntar: "O que é aquilo, papai?" O pai explicou o significado do pão e então ofereceu uma prece. O menino ficou quieto até a taça ser passada. Aí perguntou novamente: "O que é aquilo, papai?" O pai começou de novo, explicando o sangue e a cruz e como o vinho simboliza a morte de Jesus. Então orou.

Eu ri com a tarefa colossal em que o pai estava se empenhando. Quando virei para lhe dar um aceno, percebi que o pai era David Robinson, jogador de basquete da NBA pelos San Antonio Spurs. Sentado no seu colo estava seu filho de seis anos, David Jr.

Menos de 24 horas antes David tinha levado os Spurs a vencer em um jogo eliminatório contra os Phoenix Suns. Dentro de 24 horas David estaria de volta a Phoenix, fazendo o mesmo. Mas no imprensado entre esses dois jogos emocionantes transmitidos nacionalmente estava David pai. Não o jogador David ou o vencedor do ouro olímpico, mas David pai, explicando a sagrada comunhão para David filho.

Dos eventos daquele fim de semana, qual foi o mais importante? Os jogos de basquete ou o culto com a comunhão? Qual deles terá eternas consequências? Os pontos feitos na quadra? Ou a mensagem compartilhada na igreja? O que fará a maior diferença na vida do jovem David? Assistir a seu pai jogando basquete ou ouvi-lo sussurrar uma prece?

Pais, não podemos proteger os filhos de todas as ameaças da vida, mas podemos levá-los à Fonte da vida. Podemos confiar nossos filhos a Cristo. Mesmo assim, no entanto, nossos apelos em terra firme podem ser seguidos por uma escolha difícil.

Quando Jairo e Jesus estavam indo para a casa de Jairo, "chegou alguém da casa de Jairo, o dirigente da sinagoga, e disse: 'Sua filha morreu. Não incomode mais o Mestre'. Ouvindo isso, Jesus disse a Jairo: 'Não tenha medo; tão-somente creia, e ela será curada'" (Lucas 8:49,50).

Jairo ficou dividido em dois entre as mensagens contrastantes. A primeira, dos servos: "Sua filha morreu." A segunda, de Jesus: "Não tenha medo." O horror chamava de um lado. A esperança compelia do outro. Tragédia, e então confiança. Jairo ouviu duas vozes e teve de escolher a qual ele prestaria atenção.

Nós todos não fazemos isso?

A dura realidade da paternidade diz algo assim: você pode fazer o seu melhor e ainda assim ficar na mesma situação de Jairo. Você pode proteger, orar e manter todos os bichos papões afastados e ainda estar em um pronto-socorro à meia-noite ou em um centro de reabilitação de drogados visitando em um domingo, escolhendo entre as duas opções: desespero e fé. Jairo poderia ter escolhido o desespero. Quem o teria culpado se ele tivesse decidido por dizer "Chega!"? Ele não tinha nenhuma garantia de que Jesus poderia ajudar. Sua filha estava morta. Jairo poderia ter ido embora. Como pais, ficamos muito felizes que ele não o tenha feito. Precisamos saber o que Jesus fará quando confiarmos nossos filhos a ele.

Ele *uniu a família*. "Quando chegou à casa de Jairo, não deixou ninguém entrar com ele, exceto Pedro, João, Tiago e o pai e a mãe da criança" (Lucas 8:51).

Jesus incluiu a mãe. Até essa altura ela estava, por algum motivo, fora de cena. Talvez ela estivesse ao lado da cama da filha. Ou ela pode ter estado brigada com seu marido. Uma crise pode dividir uma família. O estresse de cuidar de uma criança doente ou com problemas pode criar uma linha divisória entre mamãe e papai. Mas, aqui, Cristo os uniu. Imagine Jesus parando na entrada da casa, gesticulando para que a mãe aturdida se juntasse a eles. Ele não tinha de ter feito isso. Ele poderia ter corrido lá para dentro sem ela. Mas ele queria que mãe e pai estivessem juntos na luta. Jesus uniu toda, embora pequena, a família na presença da filha.

E ele *expulsou a descrença*. "Enquanto isso, todo o povo estava se lamentando e chorando por ela. 'Não chorem', disse Jesus. 'Ela não está morta, mas dorme.' Todos começaram a rir dele, pois sabiam que ela estava morta" (Lucas 8:52,53).

Ele ordenou que a dúvida fosse embora e permitiu que apenas a fé e a esperança ficassem. E, nesse círculo íntimo de confiança, Jesus "a tomou pela mão e disse: 'Menina, levante-se!' O espírito dela voltou e ela se levantou imediatamente. Então Jesus lhes ordenou que lhe dessem de comer. Os pais dela ficaram maravilhados" (Lucas 8:54-56).

Deus tem piedade dos pais em sofrimento. Deveríamos estar surpresos? Afinal de contas, o próprio Deus é pai. Que emoção paternal ele não sentiu? Você está separado de seu filho? Deus também estava. Alguém está maltratando seu filho? Zombaram e abusaram do dele. Alguém está se aproveitando dos seus filhos? O filho de Deus foi emboscado com falso testemunho e traído por um seguidor ganancioso. Você é forçado a assistir enquanto seu filho sofre? Deus assistiu a seu filho na cruz. Você se pega querendo poupar seu filho de toda a dor do mundo? Deus também o quis. Mas por causa de seu grande amor por nós, "não poupou seu próprio Filho, mas o entregou por todos nós, como não nos dará juntamente com ele, e de graça, todas as coisas?" (Romanos 8:32).

A expressão "todas as coisas" deve incluir a coragem e a esperança.

Alguns de vocês acham a história de Jairo difícil de ouvir. Você orou a mesma prece que ele, mas você se viu em um cemitério enfrentando a noite mais sombria de todo pai: a morte de seu filho. Nenhuma dor se compara. Que esperança a história de Jairo lhe oferece? Jesus ressuscitou a filha de Jairo. Por que não salvou o seu?

Deus entende a sua questão. Ele enterrou um filho também. Ele odeia a morte mais do que você. É por isso que ele a matou. "Ele tornou inoperante a morte e trouxe à luz a vida e a imortalidade" (2 Timóteo 1:10). Para aqueles que confiam em Deus, a morte não é nada mais do que uma transição para o céu. Seu filho pode não estar nos seus braços, mas seu filho está seguro nos dele.

Outros de vocês podem ter ficado muito tempo na situação de Jairo. Faz tempo que você vem orando mas nada de ver suas preces atendidas ainda. Você chorou rios de lágrimas por seu filho, o suficiente para atrair a atenção de todos os anjos e seus vizinhos à sua causa. Por vezes você sentiu que algo estava para acontecer, que Cristo estava o seguindo até a sua casa. Mas agora você não tem mais tanta certeza. Você se encontra sozinho no caminho, se perguntando se Cristo se esqueceu de você e de seu filho.

Ele não se esqueceu. Ele nunca dispensa a prece de um pai. Continue dando seu filho a Deus e, na hora certa e da maneira certa, Deus lhe devolverá seu filho.

Mais tarde naquela noite, um quarto de século atrás, eu dei minha filha a Deus. Enquanto a balançava em nossa recém-comprada cadeira de balaço, eu me lembrei de como Abraão tinha posto Isaque no altar e decidi fazer o mesmo. Então, seguindo o exemplo do centenário, fiz da sala do nosso apartamento minha Moriá e levantei minha filha na direção do céu. *Eu não posso criar esta menina*, confessei, *mas tu podes. Eu a devolvo para ti.* Deve ter sido uma visão e tanto, um pai de pijama levantando seu bebê envolvido em um lençol na direção do teto. Mas algo me diz que alguns pais apreciaram o gesto. Entre eles, Abraão, Jairo e, é claro, Deus.

Capítulo 6

Medo de desafios arrebatadores

Estou afundando rapidamente

"Coragem! Sou eu.
Não tenham medo!"
Mateus 14:27

Antes de voar eu sou uma versão de meia-idade do Tom Cruise em *Top Gun*: usando um capacete da força aérea, roupa de voo e um sorriso do tamanho de uma fatia de melancia. Depois do voo, o Top Gun é desfeito. Estou pálido como um osso alvejado. Virome para o lado e meu grande sorriso ficou tão reto quanto a pista em que acabamos de pousar. A causa dessa mudança? Sessenta minutos de acrobacias a dez mil pés de altura.

Eu ocupei a cadeira do *cockpit* diretamente atrás do Tenente Coronel Tom McClain. Um mês antes de se aposentar, ele me convidou para acompanhá-lo em um voo de orientação. O convite veio completo, incluindo:

- um exame médico pré-voo (no qual eu fui medido para o assento ejetor);
- uma palestra de segurança (na qual eu pratiquei puxar a alavanca do assento ejetor);
- alguns momentos pendurado nas cordas de um paraquedas de treino (simulando como eu voltaria a terra depois de ativar o assento ejetor).

Mensagem para as relações públicas da força aérea: existe a possibilidade de diminuir a discussão do assento ejetor? Aconteceu que não o usamos. Não é um pequeno feito já que mergulhamos, subimos e mergulhamos de novo, às vezes a uma velocidade vertical de dez mil pés por minuto. Você consegue imaginar uma montanha-russa sem os trilhos? Voamos em dupla com um outro T-6. A uma determinada altura as pontas das duas asas estavam a uma distância de dois metros. Eu não gosto nem de ficar tão próximo assim de uma outra pessoa no *shopping center*.

Aqui está o que uma hora de cambalhotas aéreas me ensinaram:

- Pilotos de guerra são mal pagos. Não tenho ideia de quanto eles ganham, mas não é o bastante. Qualquer um disposto a proteger seu país a 600 milhas por hora merece um bônus.

- Os G's têm seu nome bem escolhido. Engraçado, eu pensei que a expressão "puxar G" tivesse a ver com o efeito da gravidade sobre seu corpo. Na verdade, ela se refere ao som involuntário que um pastor emite durante uma manobra de 360 graus:"G-G-G-Gente!"
- O nome de guerra do piloto é gravado na parte de trás de seu capacete.

Eles têm nomes de guerra muito legais. Homem de gelo. Búfalo. Machadinha. O meu era Max. Maneirão, hem? O Coronel McCain atende por T-Mac. Aparece na parte de trás de seu capacete logo acima da gola. Eu sei bem. Por cinquenta dos sessenta minutos, olhei fixamente para o seu nome. Eu o li de frente para trás, de trás para frente, contei as letras, e criei um acróstico: T-M-A-C. ***T**ell **M**e **A**bout **C**hrist* [Fale-me Sobre Cristo]. Eu não aguentava olhar para nenhum outro lugar. O horizonte ficava pulando. Assim como o painel de instrumentos. Fechar meus olhos só aumentava a náusea. Então eu fiquei olhando para o T-Mac. Afinal, era ele que tinha quase seis mil horas de voo!

Seis mil horas! Ele passou mais tempo pilotando aviões do que eu comendo pizza — pensamento que me ocorreu quando comecei a me arrepender do jantar da noite anterior. Seis mil horas! O equivalente a oito meses de dias de 24 horas no ar, tempo suficiente para circunavegar o globo 143 vezes. Não era à toa que ele estava sorrindo quando embarcamos. Isso era uma espécie de passeio de bicicleta com rodinhas. Ele chegou a cantarolar durante uma manobra quase vertical.

Não levei muito tempo para entender para onde devia olhar. Não ia mais olhar para baixo ou para fora. Meus olhos estavam no piloto. Se T-Mac estava bem, eu estava bem. Eu sei para onde olhar na turbulência.

Pedro aprendeu a mesma lição do jeito mais difícil. Troque o avião por um barco de pesca de trinta pés, o céu do Texas por um mar da Galileia, e as histórias começam a ter um paralelo. "Mas o barco já estava a considerável distância da terra, fustigado pelas ondas, porque o vento soprava contra ele" (Mateus 14:24).

No que tange aos lagos famosos, o da Galileia — apenas vinte quilômetros de comprimento, doze na parte mais larga — é pequeno. O tamanho diminuto o torna mais vulnerável aos ventos que sopram das Colinas de Golã. Eles transformam o lago em um liquidificador, mudando de repente, soprando primeiro de uma direção, depois de outra. Os meses de inverno trazem tais tempestades a cada uma ou duas semanas, agitando as águas por dois ou três dias por vez.[1]

Pedro e seus companheiros de tempestade sabiam que estavam em apuros. O que deveria ter sido um cruzeiro de sessenta minutos se tornou uma batalha de uma noite inteira. O barco cambaleou e mergulhou como uma pipa em um vento de março. A luz do sol era uma memória distante. A chuva caía a baldes. Os relâmpagos cortavam o negrume com uma espada de prata. Os ventos chicoteavam as velas, deixando o barco "a considerável distância da terra, fustigado pelas ondas". Descrição apropriada, talvez, para a sua fase na vida? Talvez tudo que precisamos fazer seja trocar alguns substantivos...

No meio de um divórcio, fustigado pela culpa.

No meio das dívidas, fustigado pelos credores.

No meio de uma fusão corporativa, fustigado por traficantes de influência e margens de lucro.

Os discípulos lutaram contra a tempestade por nove horas molhadas e frias. E aproximadamente às 4h da manhã uma coisa inacreditável aconteceu. Eles avistaram alguém vindo sobre a água. "Ficaram aterrorizados e disseram: 'É um fantasma!'" (Mateus 14:26).

Eles não esperavam que Jesus viesse a eles desse jeito.

E nem nós. Nós esperamos que ele venha na forma de calmos cânticos ou de domingos de Páscoa ou em retiros. Esperamos encontrar Jesus em devocionais matinais, ceias na igreja, e em meditação. Nunca esperamos vê-lo em um mercado, em uma liquidação, em um processo, na execução de uma hipoteca ou em uma guerra. Nunca esperamos vê-lo em um temporal. Mas é nos temporais que ele faz seu melhor trabalho, pois é nos temporais que ele tem mais atenção de nossa parte.

Jesus respondeu ao medo dos discípulos com um convite digno de ser gravado em toda pedra fundamental de igreja e arco residencial. "Coragem! Sou eu*. Não tenham medo!" (Mateus 14:27).

Existe poder nestas palavras. Acordar em uma UTI e ouvir seu marido dizer "Estou aqui". Perder sua aposentadoria

* No original, *I am here*, que é traduzido em todas as versões da Bíblia por "eu sou", mas também pode significar "eu estou". Na análise a seguir de Max Lucado, optamos por manter a tradução "eu estou" (N.E.)

e ainda assim sentir o apoio de sua família nas palavras "Estamos aqui". Quando um jovem jogador vê sua mãe e seu pai nas arquibancadas assistindo ao jogo, um "Estou aqui" muda tudo. Talvez seja por isso que Deus repete essa promessa do "Estou aqui" tantas vezes.

> Perto está o Senhor (Filipenses 4:5).
>
> Estou em meu Pai, vocês em mim, e eu em vocês (João 14:20).
>
> Eu estarei sempre com vocês, até o fim dos tempos (Mateus 28:20).
>
> Eu lhes dou a vida eterna, e elas jamais perecerão; ninguém as poderá arrancar da minha mão (João 10:28).
>
> Nem morte nem vida, nem anjos nem demônios, nem o presente nem o futuro, nem quaisquer poderes, nem altura nem profundidade, nem qualquer outra coisa na criação será capaz de nos separar do amor de Deus (Romanos 8:38,39).

Não podemos ir onde Deus não está. Olhe para trás; é Deus seguindo você. Olhe para o temporal; é Cristo vindo na sua direção.

Muito para o crédito de Pedro, ele acreditou na palavra de Jesus. "'Senhor', disse Pedro, 'se és tu, manda-me ir ao teu encontro por sobre as águas'. 'Venha', respondeu ele. Então Pedro saiu do barco, andou sobre as águas e foi na direção de Jesus" (Mateus 14:28,29).

Pedro nunca teria pedido isso em um mar calmo. Se Cristo tivesse passeado em um lago que estivesse manso como uma pedra, Pedro teria aplaudido, mas duvido que tivesse saído do barco. Tempestades nos fazem trilhar caminhos que nunca trilhamos. Por alguns passos históricos e momentos de prender o fôlego, Pedro fez o impossível. Ele desafiou todas as leis da gravidade e da natureza; "andou sobre as águas e foi na direção de Jesus".

Meus editores não teriam tolerado tamanha brevidade. Teriam inundado a margem com tinta vermelha: "Elabore! Quão rápido Pedro saiu do barco? O que os outros discípulos estavam fazendo? Qual era a expressão em seu rosto? Ele pisou em algum peixe?"

Mateus não tinha tempo para essas questões. Ele nos leva rapidamente para a maior mensagem do evento: para onde olhar em uma tempestade. "Mas, quando reparou no vento, ficou com medo e, começando a afundar, gritou: 'Senhor, salva-me!'" (Mateus 14:30).

Uma muralha de água bloqueou sua visão. Uma rajada de vento quebrou o mastro com um estalo. Um relâmpago iluminou o lago e os Apalaches aquáticos que ele tinha se tornado. Pedro desviou sua atenção de Jesus para o temporal e, quando o fez, afundou como um tijolo em uma poça. Dê às águas do temporal mais atenção do que àquele que anda sobre as águas e prepare-se para fazer o mesmo.

Se os temporais virão ou não, isso não podemos escolher. Mas onde ficamos durante uma tempestade, isso podemos. Encontrei um exemplo direto dessa verdade quando estava sentado no consultório do meu cardiologista. Meus batimentos cardíacos tinham a velocidade de uma corrida de Stock Car e o ritmo de uma mensagem em código Morse. Então eu fui a um especialista. Depois de rever meus exames e de me fazer algumas perguntas, o médico fez um gesto com a cabeça e me mandou esperar por ele em sua sala.

Eu não gostava de ser mandado para a sala do diretor quando era pequeno. Como paciente, não gosto de ser enviado para a sala do médico. Mas entrei, me sentei e rapidamente notei a vasta gama de diplomas que o médico possuía. Estavam em todos os lugares, e vinham de todos os lugares. Conquistou um na graduação. Conquistou um na residência. Conquistou sua esposa. (Estou fazendo uma pausa aqui para ver se você entendeu a piada...)

Quanto mais eu olhava para as suas conquistas, mais bem eu me sentia. *Estou em boas mãos*. Quando eu me recostei para relaxar, sua enfermeira entrou com um papel na mão. "O doutor já vem", explicou. "Enquanto isso, ele quer que você se familiarize com essas informações. Elas resumem o seu problema cardíaco."

Abaixei meu olhar dos diplomas para o resumo da doença. Enquanto lia, ventos opostos começaram a soprar. Palavras feias como fibrilação atrial, arritmia, embolia e coágulo sanguíneo me fizeram afundar no meu próprio mar da Galileia.

O que aconteceu com a minha paz? Eu estava me sentindo muito melhor momentos antes. Então eu mudei a estratégia. Eu fiz a contrapartida do diagnóstico com os diplomas. Entre os parágrafos de más notícias, eu olhei para a parede para ver os lembretes de boas notícias. É isso o que Deus quer que façamos.

O chamado dele à coragem não é um chamado à ingenuidade ou à ignorância. Não devemos ficar alheios aos desafios arrebatadores que a vida traz. Devemos contrabalançá-los com longos olhares para as conquistas de Deus. "Por isso é preciso que *prestemos maior atenção* ao que temos ouvido, para que jamais nos desviemos" (Hebreus 2:1). Faça o que for necessário para manter o seu foco em Jesus.

Quando uma amiga minha passou vários dias no hospital ao lado da cama de seu marido, ela se entregou a cânticos para manter sua atitude. De tempos em tempos ela ia ao banheiro e cantava alguns versos de "Great Is Thy Faithfulness" [Grande é a tua lealdade]. Faça o mesmo! Decore as Escrituras. Leia biografias de grandes vidas. Pondere os testemunhos de cristãos fiéis. Tome a decisão deliberada de depositar a sua esperança nele. A coragem sempre é uma possibilidade.

C.S. Lewis escreveu um grande parágrafo sobre isso:

> A fé [...] é a arte de se apegar a coisas que sua razão já aceitou, apesar de suas mudanças de humor. Pois os humores vão mudar, qualquer que seja o ponto de vista que sua razão adote. Eu sei por experiência própria. Agora que sou cristão tenho humores em que tudo parece muito improvável: mas quando eu era ateu, eu tinha humores em que o Cristianismo parecia terrivelmente provável. [...] É por isso que a Fé é uma virtude tão necessária: a menos que você ensine aos seus humores "onde eles devem descer," você nunca pode ser totalmente cristão ou totalmente ateu, mas apenas uma criatura correndo de um lado para o outro, com suas crenças realmente dependendo do clima e do estado de sua digestão.[2]

Alimente os seus medos e a sua fé morrerá de fome.

Alimente a sua fé e os seus medos morrerão de fome.

Jeremias fez isso. Isso é que eu chamo de ser apanhado em um temporal! Ande o contador de tempo cerca de seiscentos anos para a esquerda e aprenda uma lição desse profeta do Antigo Testamento. "Eu sou o homem que viu a aflição trazida pela vara da sua ira. Ele me impeliu e me fez andar na escuridão, e não na luz; sim, ele voltou sua mão contra mim vez após vez, o tempo todo" (Lamentações 3:1-3).

Jeremias estava deprimido, tão melancólico quanto uma girafa com dor no pescoço. Jerusalém estava cercada, sua nação, coagida. Seu mundo entrou em colapso como um castelo de areia em um tufão. Ele culpou Deus por sua terrível aflição emocional. Também culpou Deus por seus incômodos físicos. "[Deus] fez que a minha pele e a minha carne envelhecessem e quebrou os meus ossos" (Lamentações 3:4).

Seu corpo doía. Seu coração estava doente. Sua fé estava fraca. "[Deus] me sitiou e me cercou de amargura e de pesar" (Lamentações 3:5). Jeremias se sentia preso como um homem em uma rua sem saída. "Cercou-me de muros, e não posso escapar; atou-me a pesadas correntes. Mesmo quando chamo ou grito por socorro, ele rejeita a minha oração. Ele impediu o meu caminho com blocos de pedra; e fez tortuosas as minhas sendas" (Lamentações 3:7-9).

Jeremias podia dizer a altura das ondas e a velocidade do vento. Mas aí percebeu com que rapidez estava afundando. Então mudou seu olhar. "Todavia, lembro-me também do que pode me dar esperança: Graças ao grande amor do SENHOR é que não somos consumidos, pois as suas misericórdias são inesgotáveis. Renovam-se cada manhã; grande é a sua fidelidade! Digo a mim mesmo: A minha porção é o SENHOR; portanto, nele porei a minha esperança" (Lamentações 3:21-24).

"Todavia, lembro-me também..." Deprimido, Jeremias alterou seu modo de pensar, desviou sua atenção. Tirou seus olhos das ondas e olhou para as maravilhas de Deus. Rapidamente recitou um quinteto de promessas. (Eu consigo imaginá-lo contando-os nos cinco dedos de sua mão.)

1. Graças ao grande amor do SENHOR é que não somos consumidos.
2. Suas misericórdias são inesgotáveis.
3. Elas se renovam cada manhã.
4. Grande é a sua fidelidade.
5. A minha porção é o SENHOR.

O temporal não cessou, mas seu desânimo sim. Assim como o de Pedro. Depois de alguns momentos jogado de um lado para o outro na água, ele se virou para Cristo e implorou: "'Senhor, salva-me!' Imediatamente Jesus estendeu a mão e o segurou. E disse: 'Homem de pequena fé, por que você duvidou?' Quando entraram no barco, o vento cessou" (Mateus 14:30-32).

Jesus poderia ter acalmado a tempestade horas antes. Mas não o fez. Queria ensinar a seus discípulos uma lição. Jesus poderia ter acalmado a sua tempestade há muito tempo também. Mas não o fez. Será que ele também quer lhe ensinar uma lição? Será que essa lição poderia ser algo como: "Tempestades não são uma opção, mas o medo é"?

Deus pendurou seus diplomas no universo. Arco-íris, pores do sol, horizontes e céus estrelados. Ele registrou suas conquistas nas Escrituras. Não estamos falando de seis mil horas de voo. Seu currículo inclui aberturas no mar Vermelho; fechamento de bocas de leões; derrota de gigantes; levantamentos de Lázaros; paradas e caminhadas ao enfrentar tempestades.

A lição dele é clara. Ele é o comandante de toda tempestade. Você está com medo na sua? Então olhe para ele. Esse pode ser o seu primeiro voo. Mas certamente não é o dele.

Seu piloto tem um nome de guerra também: Sou Eu.

CAPÍTULO 7

MEDO DAS PIORES HIPÓTESES

TEM UM DRAGÃO NO MEU ARMÁRIO

[Jesus] começou a ficar aflito e angustiado.

MARCOS 14:33

Da próxima vez em que um polvo o prender no fundo do ocea-no, não se desespere. Simplesmente comece a dar cambalhotas. A menos que você esteja bem preso por um ou dois tentáculos muito fortes, você escapará com apenas algumas lesões das ventosas.

Enquanto estiver a caminho da superfície, você pode encontrar um tubarão. Não entre em pânico; soque! Dê uns cruzados nos olhos e guelras — elas são as partes mais sensíveis do corpo dele.

O mesmo vale para encontros com extraterrestres. Escape da sua próxima abdução por um óvni acertando diretamente os olhos do invasor. No entanto, proteja seus pensamentos, pois pode ser que criaturas do espaço possam ler a sua mente.

Embora gorilas não possam ler mentes, eles podem prendê-los com um abraço. O apertão de um gorila de dorso prateado pode ser tão forte quanto um cadeado. Sua única chance de escapar é afagar o braço dele e ao mesmo tempo fazer altos barulhos de beijo. Primatas são amantes difíceis de se agradar. Com sorte, o gorila vai interpretar suas ações como um tratamento de *spa*.

Senão, as coisas poderiam ser piores. Você poderia estar caindo do céu em um paraquedas com defeito, preso em um elevador em queda livre, ou enterrado vivo em um caixão de aço. Você poderia estar enfrentando a sua pior hipótese. Todos as temos: situações de desespero total. É por isso que o livro *The Complete Worst-Case Scenario Survival Handbook* [O livro completo de sobrevivência nas piores hipóteses] tem obtido um sucesso tão grande.

Graças ao livro, agora eu sei como reagir a um gorila me agarrando ou a um alienígena me abduzindo. No entanto, as chances de tais ocasiões acontecerem são tão remotas que eu não perdi meu sono por causa delas. Eu já fiquei acordado ponderando outras possibilidades sombrias.

Ficar senil é uma delas. A ideia de envelhecer não me perturba. Não me importo em perder minha juventude, cabelos ou dentes. Mas a ideia de perder a minha consciência? Isso sim é terrível. Visitar uma unidade de Alzheimer é uma coisa perturbadora. Idosos com cabelos grisalhos olhando fixamente para o nada, fazendo perguntas dementes. Eu não quero acabar assim.

Não conseguir sustentar minha família me assombra. Em uma outra pior hipótese, minha esposa, Denalyn, vive mais tempo do que eu e as nossas economias e fica na miséria, dependendo da generosidade de algum gentil estranho. Ela me diz para não pensar nisso, que minhas preocupações são tolices. É fácil falar, eu respondo.

Esses medos que rondam. Esses monstros do Lago Ness. Não ansiedades mundanas de prazos diários e resfriados comuns, mas o horror duradouro de alguma garra da qual é impossível escapar. Ilógicos e inexplicáveis, mas também inegáveis.

Qual é o seu pior medo? O medo de fracasso público, desemprego, ou de altura? O medo de que você nunca vai encontrar a pessoa certa ou ter saúde? Medo de ficar preso, ser abandonado ou esquecido?

Esses são medos reais, nascidos em preocupações legítimas. No entanto, se deixados para lá, eles entram em metástase e se tornam obsessões. O degrau entre a prudência e a paranoia é curto e íngreme. A prudência usa cinto de segurança. A paranoia evita carros. A prudência lava com sabão. A paranoia evita contato humano. A prudência economiza para a velhice. A paranoia junta até lixo. A prudência se prepara e planeja. A paranoia entra em pânico. A prudência calcula o risco e mergulha. A paranoia nunca entra na água.

As palavras *mergulho* e *água* me vêm à cabeça enquanto escrevo este capítulo sentado na beira da piscina de um hotel. (Impressionante o que o sol quente, um refrigerante gelado e uma cadeira de piscina podem fazer para a criatividade.) Um pai e suas duas filhas pequenas estão brincando. Ele está na água; elas pulam nos braços dele. Deixe-me corrigir isso: uma pula; a outra pondera. A que está seca observa alegremente sua irmã pulando. Ela dança para um lado e para o outro enquanto a outra cai na água. Mas, quando seu pai a convida a fazer o mesmo, ela recusa e se afasta.

Uma parábola viva! Quantas pessoas passam a vida toda na beira da piscina? Consultando a cautela; ignorando a fé; nunca dando o mergulho; felizes de experimentar a vida por intermédio dos outros; preferindo não arriscar nada a arriscar qualquer coisa. Pelo medo do pior, elas nunca aproveitam a vida ao máximo.

Por sua vez, sua irmã pula. Não com uma tola inconsequência, mas com a crença na bondade do coração de um pai e com confiança nos braços dele. Essa foi a escolha de Jesus. Ele fez mais do que falar sobre o medo. Ele o enfrentou.

Os atos decisivos do drama do evangelho são apresentados em dois palcos — o jardim de Getsêmani e a cruz de Gólgota. A cruz da sexta-feira testemunhou o sofrimento mais severo. O jardim de quinta-feira foi o palco do medo mais profundo. Foi lá, entre as oliveiras, que Jesus "prostrou-se e orava para que, se possível, fosse afastada dele aquela hora. E dizia: 'Aba, Pai, tudo te é possível. Afasta de mim este cálice; contudo, não seja o que eu quero, mas sim o que tu queres'" (Marcos 14:35,36).

Um leitor uma vez me ligou para me dar uma bronca por causa do que eu escrevi nessa passagem. Ele não gostou de eu ter descrito Cristo como tendo "os olhos bem abertos com um estupor de medo".[1] Eu lhe disse que ele precisava levar sua reclamação a um nível mais alto. É o evangelista Marcos que pinta a imagem de Jesus como pálido e tremendo. "Começou a ficar aflito e angustiado" (Marcos 14:33). A palavra *aflição* é "usada para descrever um homem que está desamparado, desorientado, que está agitado e angustiado pela ameaça de um evento que se aproxima".[2]

Mateus concordava. Ele descreve Jesus da seguinte maneira: "começou a entristecer-se e a angustiar-se" (Mateus 26:37.[3])

Nunca vimos Cristo assim. Nem na tempestade na Galileia, nem na necrópole demoníaca e nem na beira do precipício nazareno. Nunca ouvimos gritos de sua voz ou vimos seus olhos bem abertos. E nunca lemos uma frase como esta: "começou a ficar aflito e angustiado" (Marcos 14:33). Esse é um momento sério. Deus se tornou carne, e a Carne está sentindo todo o peso do medo. Por quê? De que Jesus tinha medo?

Aquilo tinha algo a ver com um cálice. "Afasta de mim este cálice." *Cálice*, na terminologia bíblica, era mais do que um utensílio para beber. *Cálice* era a ira, o julgamento, a punição de Deus. Quando Deus ficou com pena da cidade renegada de Jerusalém, ele disse: "Veja que eu tirei da sua mão o cálice que faz cambalear; [...] o cálice da minha ira" (Isaías 51:22). Por intermédio de Jeremias, Deus declarou que todas as nações beberiam do cálice do desgosto dele: "Pegue de minha mão este cálice com o vinho da minha ira e faça com que bebam dele todas as nações a quem eu o envio" (Jeremias 25:15). De acordo com João, aquele que dispensar Deus "beberá do vinho do furor de Deus que foi derramado sem mistura no cálice da sua ira. Será ainda atormentado com enxofre ardente na presença dos santos anjos e do Cordeiro" (Apocalipse 14:10).

O cálice era a pior hipótese de Jesus: receber a ira de Deus. Ele nunca tinha sentido a fúria de Deus, não merecia. Nunca tinha experimentado a isolação de seu Pai; os dois sempre haviam sido um. Ele não conhecia a morte física; era um ser imortal. E no entanto, dentro de algumas poucas horas, Jesus enfrentaria a todos esses. Deus liberaria sua ira que odiava o pecado no Filho coberto de pecado. E Jesus tinha medo. Muito medo. E o que ele fez com seu medo nos mostra o que fazer com o nosso.

Ele orou. Disse a seus discípulos: "Sentem-se aqui enquanto vou ali orar" (Mateus 26:36). Uma prece só não bastava. "E retirou-se outra vez para orar. [...] Então os deixou novamente e orou pela terceira vez, dizendo as mesmas palavras" (Mateus 26:42-44). Ele até pediu a ajuda das preces de seus amigos. "Vigiem e orem para que não caiam em tentação" (Mateus 26:41).

Jesus enfrentou seu maior medo honestamente com preces.

Não vamos complicar demais este assunto. Não costumamos complicá-lo? Prescrevemos palavras para preces, lugares para preces, roupas para prece, posturas para prece; durações, entonação e encantamentos. E no entanto o apelo de Jesus no jardim não tinha nada disso. Foi breve (21 palavras em português), direto ("afasta de mim este cálice"), e confiante ("contudo, não seja como eu quero, mas sim como tu queres"). Sem frescura e cheio de autenticidade. Menos um santo bom de convencer aos outros no santuário; mais uma criança com medo no colo do pai.

É isso aí. A prece de Jesus no jardim é a prece de uma criança. *Aba*, ele orou, usando a palavra caseira que uma criança usaria ao subir no colo de seu pai.

Meu pai me deixava subir em seu colo... enquanto dirigia! Hoje ele seria preso se fizesse isso. Mas meio século atrás ninguém se importava. Principalmente em um campo de petróleo liso do Texas, onde há mais coelhos do que pessoas. Quem se importa se o pequeno Max senta no colo do papai enquanto ele dirige o caminhão da empresa (ops, desculpe, Exxon) de um poço a outro?

Eu adorava. Importava que eu não conseguia enxergar acima do painel? Que meus pés ficavam a meio metro do freio e do acelerador? Que eu não sabia a diferença entre um rádio e um carburador? De jeito nenhum. Eu ajudava meu pai a dirigir seu caminhão.

Havia ocasiões em que ele até me deixava escolher o itinerário. Em um cruzamento ele oferecia: "Direita ou esquerda, Max?" Eu levantava a cara cheia de sardas e olhava por cima do volante; pensava nas minhas opções e escolhia.

E o fazia com prazer, virando o volante como um piloto de corrida em Monte Carlo. Eu tinha medo de cair em uma vala? De fechar demais a curva? De deixar o pneu cair em um sulco? De jeito nenhum. As mãos do meu pai estavam perto das minhas e seus olhos enxergavam mais do que os meus. Consequentemente, eu não tinha medo! Qualquer um pode dirigir um carro do colo do pai.

E qualquer um pode orar da mesma perspectiva.

A oração é a prática de sentar-se calmamente no colo de Deus e botar nossas mãos em seu volante. Ele lida com a velocidade e com as curvas difíceis e se assegura de que cheguemos em segurança. E nós oferecemos nossos pedidos; pedimos a Deus: "afasta de mim este cálice". O cálice da doença, da traição, do colapso financeiro, do desemprego, do conflito ou da senilidade.

A oração é simples assim. E uma prece simples assim preparou Cristo a encarar seu medo mais profundo.

Faça o mesmo. Lute com os seus dragões no jardim de Getsêmani. Aqueles vilões feios e persistentes do coração — fale com Deus sobre eles. Seja específico.

Eu não quero perder meu marido/esposa, Senhor. Me ajuda a temer menos e confiar mais em ti.

Tenho que voar amanhã, Senhor, e não estou conseguindo dormir com medo de que algum terrorista embarque e derrube o avião. Tu podes me tirar esse medo?

Acabaram de ligar do banco e vão executar a hipoteca de nossa casa. O que vai acontecer à minha família? Podes me ensinar a confiar?

Tenho medo, Senhor. O médico acabou de ligar, e a notícia não é boa. Tu sabes o que me aguarda. Entrego meu medo a ti.

Satanás adora nos deixar em um nevoeiro de inquietação. Nossa resposta à sua nuvem é simplesmente: "Detalhes, por favor." Identificamos o que é "este cálice" e falamos com Deus sobre ele. Botar as preocupações em palavras as despe. Elas parecem bobas quando nuas.

Yann Martel mostra isso em seu romance *Life of Pi* [A vida de Pi]. O personagem principal, Pi, se encontra à deriva no mar em um barco salva-vidas de 26 pés com a companhia de um tigre de bengala de 200 quilos. Pi acabou nesse apuro quando seu pai, que trabalhava no zoológico, faliu e pôs a família em um navio japonês que ia para o Canadá. O navio afundou, deixando Pi e o tigre (que se chamava Richard Parker) sozinhos no oceano. Enquanto estava no barco salva-vidas, Pi começou a analisar seus medos, tanto do mar quanto do tigre.

Devo dizer uma coisa sobre o medo. Ele é o único oponente real da vida. Só o medo pode derrotar a vida. Ele é um adversário inteligente, traiçoeiro — e como eu sei disso! Ele não tem decência, não respeita nenhuma lei ou convenção, não mostra a menor misericórdia. O medo procura o seu ponto mais fraco, que encontra sem erro nem dificuldade. Começa na sua mente, sempre. Em um momento você está se sentindo calmo com sangue frio, feliz. Então o medo, disfarçado na pele de uma leve dúvida, entra na sua mente como um espião. A dúvida encontra a descrença e a descrença tenta expulsá-la. Mas a descrença é um soldado raso mal armado. A dúvida a derrota sem maiores problemas. Você fica ansioso. A razão vem à batalha por você. Você está reafirmado. A razão está completamente equipada com a última tecnologia em armas. Mas, para a sua surpresa, apesar de ter uma tática superior e várias vitórias inegáveis, a razão perde. Você se sente enfraquecendo, hesitando. Sua ansiedade se torna pavor...

Rapidamente você toma decisões precipitadas. Você dispensa seus últimos aliados: a esperança e a confiança. Pronto, você se derrotou. O medo, que nada mais é do que uma impressão, triunfou sobre você.[4]

Pi percebe que não se pode argumentar com o medo. A lógica não convence o medo a pular do abismo ou a subir no avião. Então o que convence? Como se pode evitar a rendição jogando a toalha no ringue para o inimigo? Pi dá este conselho: "Você deve lutar para fazer brilhar a luz das palavras sobre ele. Se você não o fizer, se seu medo se tornar uma escuridão sem palavras que você evita, talvez até consiga esquecer; você se abre a mais ataques de medo porque você nunca realmente lutou contra o oponente que o derrotou".[5]

É nosso dever abrir as cortinas, expor nossos medos, cada um deles. Como vampiros, eles não suportam a luz do sol. Medos financeiros, medos de relacionamento, medos profissionais, medos de segurança — evoque-os em prece. Arraste a todos com a mão da sua mente e faça com que eles fiquem perante Deus e recebam seu justo castigo!

Jesus tornou seus medos públicos. Ele "ofereceu orações e súplicas, em alta voz e com lágrimas, àquele que o podia salvar da morte" (Hebreus 5:7). Ele orou alto o bastante para ser ouvido e registrado, e suplicou que sua comunidade de amigos orasse com ele.

Sua prece no jardim se torna, para os cristãos, uma imagem da igreja em ação — um lugar onde os medos podem ser verbalizados, pronunciados, despidos e denunciados; uma escapatória da "escuridão sem palavras" de medos suprimidos. Uma igreja saudável é aquela onde nossos medos vão para morrer. Nós os perfuramos com as Escrituras, salmos de celebração e lamentações. Nós os derretemos à luz do sol da confissão. Nós os extinguimos com a cachoeira da adoração, escolhendo olhar para Deus, não para nossos medos.

Da próxima vez em que você se encontrar enfrentando a sua pior hipótese, faça isso. Verbalize sua angústia para um círculo de confiança de pessoas que buscam a Deus. Esse é um passo essencial. Encontre sua versão de Pedro, Tiago e João. (Tomara que os seus fiquem mais tempo acordados.) A grande coisa (e a boa notícia) é esta: você não precisa viver sozinho com seu medo.

Além do mais, e se seus medos não forem nada mais do que uma peça do diabo? Uma brincadeira feita no inferno para roubar a sua alegria?

Eu tenho um amigo que estava com pavor de receber uma carta da Receita Federal. De acordo com os cálculos preliminares deles, ele lhes devia muito dinheiro, um dinheiro que ele não tinha. Disseram-lhe para esperar uma carta detalhando a quantia. Quando a carta chegou, faltou-lhe coragem. Ele não conseguia abri-la; então o envelope ficou na sua mesa por cinco dias enquanto ele se contorcia de pavor. Quanto poderia ser? Onde ele conseguiria os fundos? Por quanto tempo ele ficaria na prisão? Finalmente ele juntou a coragem para abrir o envelope. E então ele encontrou não uma conta a pagar mas um cheque a ser recebido. Aconteceu que a Receita Federal é que devia dinheiro a ele! Ele tinha desperdiçado cinco dias com um medo desnecessário.

Por que imaginar o pior? Como discípulos de Deus, você e eu temos uma grande vantagem. Sabemos que tudo vai ficar bem. Cristo não se mexeu de seu trono, e Romanos 8:28 não evaporou da Bíblia. Nossos problemas sempre foram as possibilidades dele. O sequestro de José resultou na preservação de sua família. A perseguição de Daniel levou a uma posição em um gabinete. Cristo entrou no mundo com uma gravidez surpresa e a redimiu com seu assassinato injusto. Será que nós ousamos acreditar no que a Bíblia ensina? Que nenhum desastre é definitivamente fatal?

Crisóstomo foi o arcebispo de Constantinopla de 398 a 404 d.C. Ele ganhou seguidores com suas críticas eloquentes aos ricos e poderosos. Duas vezes banido pelas autoridades, ele uma vez perguntou: "O que posso temer? Será a morte? Mas vocês sabem que Cristo é minha vida, e isso eu vou ganhar com a morte. Será o exílio? Mas a terra e toda sua abundância são do Senhor. Será a perda de riquezas? Mas não trazemos nada para o mundo, e não podemos levar nada dele. Então todos os terrores do mundo são desprezíveis aos meus olhos; e eu sorrio para todas suas coisas boas. A pobreza eu não temo; por riquezas não suspiro. A morte eu não temo."[6]

O apóstolo Paulo teria aplaudido esse parágrafo. Ele escreveu suas palavras finais nas entranhas de uma prisão romana, acorrentado a um guarda — a meros passos de seu executor. A pior das hipóteses? Não pela perspectiva de Paulo. "O Senhor me livrará de toda obra maligna e me levará a salvo para o seu Reino celestial. A ele seja a glória para todo o sempre" (2 Timóteo 4:18).

Paulo escolheu confiar em seu Pai.

A propósito, fico feliz em reportar que a menina da beira da piscina escolheu confiar no dela. Depois de muito tempo de convencimento pelo pai e de preparação por sua irmã, ela segurou o nariz e pulou. Até onde contei, ela mergulhou pelo menos uma dúzia de vezes. Bom para ela. Mais um medo foi derrotado pela confiança.

Capítulo 8

Medo da violência

Este planeta brutal

Não tenham medo dos que matam o corpo, mas não podem matar a alma.

Mateus 10:28

O maior jogador de golfe na história do esporte se sentou para tomar seu café da manhã, sem suspeitar que aquele seria o seu último. Byron Nelson tinha dormido bem na noite anterior, melhor do que tinha dormido nos últimos dias. Tinha tomado banho, feito a barba, e então sorriu quando sua esposa, Peggy, anunciou a refeição matinal: salsicha, biscoitos e ovos.

Ele tinha 94 anos; estava há 61 anos afastado das vitórias: ganhou 11 torneios consecutivos. Tiger Woods ganhara seis seguidos. Arnold Palmer ganhara três; assim como Sam Snead, Ben Hogan e alguns outros. Mas o recorde de Nelson — 11 seguidos — se destaca como um carvalho em um campo de trigo. Ele se aposentou no ano seguinte e comprou um rancho perto de Fort Worth, Texas, onde viveu em paz até Deus chamá-lo a sua casa no dia 26 de setembro de 2006.

Depois de lavar os pratos, ele se sentou para ouvir seu programa de rádio cristão favorito. Peggy saiu para o estudo bíblico na igreja. ("Estou orgulhoso de você," ele lhe disse.) Ela voltou algumas horas depois e o encontrou no chão. Sem sinal de dor ou luta. Seu bom coração simplesmente tinha parado.

★

A Rússia do começo da década de 1950 não precisava de muita desculpa para aprisionar seus cidadãos. Era só alguém questionar uma decisão de Stalin ou falar contra o regime comunista que ia andar pela tundra congelada por trás dos arames farpados de um campo de concentração soviético. Boris Kornfeld o fez. Não há registros de seu crime, só alguns poucos detalhes de sua vida. Nasceu judeu. Tornou-se médico treinado que fez amizade com um homem que cria em Cristo.

Com muito tempo livre, os dois homens tinham longas e rigorosas discussões. Kornfeld começou a ligar o Messias prometido da antiga aliança com o nazareno da nova. Seguir Jesus ia contra cada fibra de sua ancestralidade, mas no fim ele escolheu fazê-lo.

Essa decisão lhe custou a vida.

Ele viu um guarda roubando pão de um homem à beira da morte. Antes de sua conversão, Kornfeld nunca teria reportado o crime. Agora sua consciência o compelia a fazê-lo. Foi só uma questão de tempo até os outros guardas revidarem. Kornfeld, mesmo em perigo, estava completamente em paz. Pela primeira vez em sua vida, ele não tinha medo da morte ou da eternidade. Seu único desejo era contar sua descoberta para alguém antes de perder sua vida.

Uma oportunidade chegou na forma de um paciente de câncer, um colega de prisão que estava se recuperando de uma cirurgia abdominal. Deixado a sós com ele na sala de recuperação, Kornfeld urgentemente sussurrou sua história. Contou cada detalhe. O jovem estava tão grogue da anestesia que dormiu. Quando acordou, pediu para ver o médico. Era tarde demais. Durante a noite alguém tinha dado no médico oito golpes na cabeça com um martelo de engessador. Os colegas tinham tentado, em vão, salvar sua vida.[1]

★

Byron Nelson e Boris Kornfeld abraçavam as mesmas convicções. Ancoravam sua esperança à mesma rocha e olhavam para o mesmo céu e confiavam no mesmo Salvador. No entanto, um foi para o céu em uma trilha de paz e o outro em meio a um turbilhão de brutalidade.

Se me derem a escolha, prefiro ir como o senhor Nelson.

Os heróis sem armas dos hebreus também o teriam escolhido. Suas histórias ocupam um curioso parágrafo no final da parada patriarcal. Eles seguem os nomes conhecidos de Abel, que "embora esteja morto, por meio da fé ainda fala" (Hebreus 11:4); Enoque, que "não experimentou a morte" (Hebreus 11:5); Noé, que "tornou-se herdeiro da justiça" (Hebreus 11:7); Abraão e Sara, cujos descendentes são "tão incontáveis como a areia da praia do mar" (Hebreus 11:12).

Uma pessoa pode ler até o versículo 12 aqui e chegar a uma conclusão. Deus recompensa vidas fiéis com serenidade e legados contados em histórias. Viver bem. Viver em paz. Certo? Então os versículos 35-37 apresentam o lado difícil: "Uns foram torturados e recusaram ser libertados, para poderem alcançar uma ressurreição superior; outros enfrentaram zombaria e açoites; outros ainda foram acorrentados e colocados na prisão, apedrejados, serrados ao meio, postos à prova, mortos ao fio da espada. Andaram errantes, vestidos de pele de ovelhas e de cabras, necessitados, afligidos e maltratados."

Contrariamente ao que esperaríamos, pessoas boas não estão livres da violência. Assassinos não dão um passe aos que são de Deus. Estupradores não examinam vítimas de acordo com currículos espirituais. Os maus e sedentos de sangue não pulam os que vão para o céu. Não somos isolados. Mas também não somos intimidados. Jesus tem uma ou duas palavras sobre este mundo brutal: "Não tenham medo dos que matam o corpo, mas não podem matar a alma" (Mateus 10:28).

Os discípulos precisavam dessa afirmação. Jesus tinha lhes dito para esperarem açoites, julgamentos, morte, ódio e perseguições (Mateus 10:17-23). Não o tipo de conversa motivacional que se tem com um time no vestiário. Para crédito deles, nenhum deles fugiu. Talvez não o tenham feito por causa da memória fresca dos músculos contraídos de Jesus no cemitério. Jesus tinha levado seus discípulos "ao outro lado, à região dos gadarenos, [onde] foram ao seu encontro dois endemoninhados, que vinham dos sepulcros. Eles eram tão violentos que ninguém podia passar por aquele caminho. Então eles gritaram: 'Que queres conosco, Filho de Deus? Vieste aqui para nos atormentar antes do devido tempo?'" (Mateus 8:28,29).

As reações mais dramáticas e imediatas à presença de Deus na terra vieram de demônios como esses — os incontáveis, invisíveis, assexuados e perversos gênios de Satanás. Esses dois homens estavam endemoninhados e, consequentemente, eram "tão violentos". As pessoas faziam longos desvios pelos cemitérios para evitá-los.

Não Jesus. Ele entrou marchando como se fosse o dono do lugar. Os demônios atordoados nunca esperariam ver Jesus ali nos recantos do diabo no lado estrangeiro da Galileia, a região dos pagãos e porcos. Os judeus evitavam esses antros. Jesus não.

Os demônios e Jesus não precisaram de apresentações. Eles já tinham travado uma batalha em outro lugar, e os demônios não queriam revanche. Nem ao menos discutiram. "Vieste aqui para nos atormentar antes do devido tempo?" (Mateus 8:29). Dando para trás. Gaguejando. Tradução? "Sabemos que vais nos derrotar no final, mas somos punidos enquanto isso?" Eles se amarfanharam como marionetes sem cordas. Patético seu apelo: "manda-nos entrar naquela manada de porcos" (Mateus 8:31).

Jesus o fez. "Vão!", exorcizou. Sem gritos, encantamentos, danças, incensos ou ordens. Só uma pequena palavra. Aquele que sustenta os mundos com uma palavra controla o tráfego demoníaco com a mesma palavra.

E embora este mundo, cheio de demônios,
Ameace nos desgraçar,
Não temeremos, pois quis Deus
Que sua verdade triunfasse por nosso intermédio.

O sombrio Príncipe das Trevas,
Não trememos por ele;
Sua ira podemos suportar,
Pois, veja, a queda dele é certa;
Uma pequena palavra o derrotará.[2]

A luta entre o bem e o mal durou uma questão de segundos. Cristo é o fogo, e os demônios são ratos no navio. Eles correram para a água ao primeiro sinal de calor.

Esse é o extrato em que Jesus escreve o cheque da coragem: "Não tenham medo dos que matam o corpo, mas não podem matar a alma" (Mateus 10:28). Você desfruta da guarnição da guarda de Deus. "Quem nos separará do amor de Cristo? Será tribulação, ou angústia, ou perseguição, ou fome, ou nudez, ou perigo, ou espada? [...] Nem altura nem profundidade, nem qualquer outra coisa na criação será capaz de nos separar do amor de Deus que está em Cristo Jesus, nosso Senhor" (Romanos 8:35-39).

A coragem emerge, não da segurança policial aumentada, mas da maturidade espiritual intensificada. Martin Luther King exemplificou isso. Ele escolheu não temer aqueles que lhe queriam mal. No dia 3 de abril de 1968, ele passou horas em um avião, esperando na pista, devido a ameaças de bomba. Quando chegou a Memphis, mais tarde naquele dia, estava cansado e faminto, mas não com medo.

"Temos dias difíceis pela frente", disse à multidão. "Mas não me importa agora. Porque eu já estive no topo da montanha. E eu não me importo. Como qualquer um, eu gostaria de viver uma vida longa. A longevidade tem seu lugar. Mas eu não estou preocupado com isso agora. Eu simplesmente quero fazer a vontade de Deus. E ele me permitiu ir ao topo da montanha. E eu olhei ao redor. E vi a terra prometida. Eu posso não ir para lá com vocês. Mas eu quero que vocês saibam hoje que nós, como pessoas, iremos para a terra prometida. E eu estou feliz hoje. Não estou preocupado com nada. Não temo homem nenhum. Meus olhos viram a glória da vinda do Senhor."[3]

Ele estaria morto em menos de 24 horas. Mas as pessoas que lhe queriam mal não atingiram seu objetivo. Eles tiraram seu fôlego, mas nunca levaram sua alma.

Em seu premiado livro sobre o genocídio ruandês de 1994, Philip Gourevitch conta a história de Thomas, um tutsi marcado para morrer. Ele foi um dos poucos que escaparam dos assassinos hutus armados com facões.

> Thomas me disse que tinha sido treinado para ser escoteiro "para olhar para o perigo, e estudá-lo, mas não temê-lo", e eu fiquei bobo de ver que cada um dos seus encontros com o poder hutu tinha seguido um padrão: quando o ministro lhe mandou voltar ao trabalho, quando os soldados vieram buscá-lo, e quando lhe mandaram sentar-se na rua, Thomas sempre recusou antes de aceitar. Os assassinos estavam acostumados a encontrar o medo, e Thomas sempre agiu como se houvesse algum tipo de mal-entendido para alguém sentir a necessidade de ameaçá-lo.[4]

Os perversos têm menos chance de machucá-lo se você não é já uma vítima. "Quem teme o homem cai em armadilhas, mas quem confia no SENHOR está seguro" (Provérbios 29:25). Lembre-se, "a seus anjos ele dará ordens a seu respeito, para que o protejam em todos os seus caminhos" (Salmo 91:11).

Ele é seu "refúgio" (Salmo 62:8), seu "abrigo" (Salmo 32:7), sua "fortaleza" (2 Samuel 22:2). "O SENHOR está comigo, não temerei. O que me podem fazer os homens?" (Salmo 118:6). Satanás não pode lhe alcançar sem passar por ele.

Então, o que devemos entender das ocasiões em que Satanás nos alcança? Como devemos entender a violência listada em Hebreus 11 ou o trágico fim de Boris Kornfeld? Ou, mais supremamente, como devemos entender o sofrimento de Jesus? Cordas. Chicotes. Espinhos. Pregos. Esses foram a marca registrada de seus momentos finais. Você consegue ouvir o chicote estalando nas costas dele, arrancando os tendões dos ossos? Trinta e nove vezes o couro corta, primeiro o ar, depois a pele. Jesus aperta o poste e geme, atingido por onda após onda de violência. Soldados forçam uma coroa de espinhos por sua testa, lhe dão tapas na cara, cospem. Colocam uma viga sobre seus ombros e lhe forçam a subir marchando um monte. Esse é o condenado afiando sua própria guilhotina, amarrando sua própria corda, ligando sua própria cadeira elétrica. Jesus carregou sua própria ferramenta de execução. A cruz.

Cícero se referiu à crucificação como "uma punição das mais cruéis e repugnantes".[5] Na educada sociedade romana, a palavra *cruz* era uma obscenidade, a não ser pronunciada em uma conversa. Os soldados romanos eram isentos da crucificação, exceto em questões de traição. Era feia e vil, desagradável e degradante. E foi a maneira como Jesus escolheu morrer. "Humilhou-se a si mesmo e foi obediente até a morte, e morte de cruz!" (Filipenses 2:8).

Uma morte mais calma teria bastado. Uma simples gota de sangue poderia ter redimido a humanidade. Derramar seu sangue, silenciar seu fôlego, parar seu pulso, mas fazer tudo isso de modo rápido. Enfiar uma espada em seu coração. Cruzar seu pescoço com uma adaga. A propiciação pelo pecado exigiu seis horas de violência?

Não, mas seu triunfo sobre o sadismo exigiu. Jesus mostrou de uma vez por todas sua autoridade sobre a selvageria. O mal pode ter seus momentos, mas eles serão breves. Satanás soltou seus demônios mais perversos em cima do filho de Deus. Torturou cada terminação nervosa e infligiu todo sofrimento. E no entanto o mestre da morte não conseguiu destruir o Senhor da vida. O melhor do céu pegou o pior do inferno e o transformou em esperança.

Eu oro a Deus para que ele o poupe de tamanho mal. Que ele lhe dê a longa vida e a passagem tranquila de um Byron Nelson. Mas, se ele não o fizer, se "a vocês foi dado o privilégio de não apenas crer em Cristo, mas também de sofrer por ele" (Filipenses 1:29), lembre-se, Deus não desperdiça a dor.

Pense em Boris Kornfeld, o médico russo que apanhou até a morte por causa de suas convicções. Embora o médico tenha morrido, seu testemunho sobreviveu. O homem com quem ele falou nunca se esqueceu da conversa.

> Após uma cirurgia, estou deitado na ala operatória de um hospital de campo. Não posso me mover. Estou ardendo em febre, no entanto meus pensamentos não se dissolvem em delírio — e sou grato ao Dr. Boris Nikolayevich Kornfeld, que está sentado ao lado da minha cama e conversando comigo a noite toda. A luz já foi apagada — então meus olhos não

> vão doer. Ele e eu — e mais ninguém na enfermaria.
>
> Com fervor ele me conta a longa história de sua conversão do judaísmo ao Cristianismo. [...] Estou surpreso com a convicção do novo convertido, com o ardor de suas palavras.[...]
>
> Não posso ver seu rosto. Pela janela vêm apenas os reflexos espalhados das luzes do perímetro lá fora. E a porta do corredor tem um brilho elétrico amarelo. Mas existe tanto conhecimento místico em sua voz que eu tremo.[6]

O "conhecimento místico" transformou o jovem paciente. Ele abraçou o Cristo de Kornfeld e mais tarde comemorou com estes versos.

> E agora com o cálice que a mim retornou,
> Cheio da água da vida,
> Deus do Universo! Eu acredito novamente!
> Embora eu tenha te renunciado, tu estavas comigo![7]

O paciente sobreviveu aos campos e começou a escrever sobre a sua experiência na prisão, revelando o horror do *gulag*. Uma revelação após a outra: *One Day in the Life of Ivan Denisovich [Um dia na vida de Ivan Denisovich], The Gulag Archipelago [O arquipélago Gulag], Live Not by Lies [Não viva através de mentiras]*. Alguns atribuem o colapso do comunismo oriental, em parte, a seus escritos. Mas, se não fosse pelo sofrimento de Kornfeld, nunca teríamos conhecido o brilho de seu jovem convertido: Alexander Solzhenitsyn.

O que o homem pretendeu para o mal, Deus, mais uma vez, usou para o bem.

Capítulo 9

Medo do próximo inverno

Dinheiro de faz de conta

Não tenham medo, pequeno rebanho,
pois foi do agrado do Pai dar-lhes o Reino.

Lucas 12:32

Um campeão de Banco Imobiliário se senta em seu escritório. O Michael Phelps do jogo de tabuleiro. O Pelé do Morumbi. Ele passa o dia todo detonando a competição, colecionando casas, companhias e dinheiro de faz de conta como Salomão colecionava esposas. Ele nunca vai para a prisão, sempre passa pelo *início* e tem endereços permanentes em Interlagos e no Morumbi. Se a Fortune 500 listasse os bilionários de Banco Imobiliário, esse cara derrotaria Warren Buffett. Ninguém tem mais dinheiro que ele.

E ele quer que você o ajude a investir esse dinheiro. Você é, afinal de contas, um planejador financeiro. Você fala a língua das ações e anuidades, tem ampla experiência com previdências privadas, fundos mútuos e seguros. Mas toda a sua experiência não lhe preparou para esse pedido. E no entanto aqui está ele em seu escritório, cercado de bolsas de dinheiro cor-de-rosa e pequenos prédios de plástico. Investir ganhos em Banco Imobiliário?

"Eu tenho 314 Brooklins, 244 Morumbis e Companhias Ferroviárias suficientes para dar voltas no mundo como um novelo de lã."

Esse cara existe? Você faz de tudo para ser educado. "Parece que você acumulou uma fortuna de Banco Imobiliário."

Ele cruza os braços e sorri. "Sim, acumulei. E estou pronto para você botá-la para trabalhar. Está na hora de eu me recostar e relaxar. Deixar que outra pessoa cuide do Banco Imobiliário por uns tempos."

Você olha novamente para seus bolos de dinheiro engraçado e prédios de brinquedo e abandona todo o tato. "O senhor está louco. Seu dinheiro não tem valor. Fora do jogo ele não vale nada. Sinto lhe dizer isso, mas o senhor cometeu um erro tolo. Na verdade, o senhor é um tolo."

Linguagem forte. Mas, se você escolher usá-la, você está na companhia de Deus.

> Então lhes contou esta parábola: "A terra de certo homem rico produziu muito. Ele pensou consigo mesmo: 'O que vou fazer? Não tenho onde armazenar minha colheita'."
>
> "Então disse: 'Já sei o que vou fazer. Vou derrubar os meus celeiros e construir outros maiores, e ali guardarei toda a minha

safra e todos os meus bens. E direi a mim mesmo: Você tem grande quantidade de bens, armazenados para muitos anos. Descanse, coma, beba e alegre-se'."

"Contudo, Deus lhe disse: 'Insensato! Esta mesma noite a sua vida lhe será exigida. Então, quem ficará com o que você preparou?'"

"Assim acontece com quem guarda para si riquezas, mas não é rico para com Deus" (Lucas 12 16-21).

Ele parecia um sujeito decente, esse fazendeiro rico. Esperto o bastante para obter algum lucro, safo o bastante para aproveitar uma vantagem inesperada. Até onde sabemos ele fez sua fortuna honestamente. Não há nenhuma menção a exploração ou fraudes. Ele pôs seu talento dado por Deus para fazer talentos e foi bem-sucedido. Bem suprido de sucesso, ele decidiu aprender uma lição da fábula da formiga e da cigarra.

A cigarra, como você deve se lembrar, não sabia por que a formiga trabalhava tão duro no verão. "Por que não vir e conversar comigo em vez de se cansar desse jeito?" A formiga explicou seu trabalho: "Estou ajudando a juntar comida para o inverno e recomendo que você faça o mesmo." Mas a cigarra preferia ficar à toa a trabalhar. Então, enquanto a formiga se preparava, a cigarra cantava. E quando o inverno trouxe seus ventos severos e campos estéreis, a formiga comia milho enquanto a cigarra se sentava na esquina segurando uma placa de papelão: "Qualquer trabalho serve. Aceito imediatamente."

O magnata da história de Jesus não ia fazer o papel da cigarra. Nada de distribuição de comida aos pobres para ele. E nada de distribuição de comida aos pobres para nós, também.

Entendemos o fecundo fazendeiro. Verdade seja dita, queremos aprender com seu sucesso. Ele escreveu um livro (*Celeiros maiores para a aposentadoria*)? Ele conduz seminários ("Torne seu celeiro à prova de recessões em doze passos simples")? Aquele que enche o celeiro não dá o exemplo de planejamento responsável? E, no entanto, Jesus o coroa com o chapéu pontudo de burro. Onde o homem errou? Jesus responde, enchendo três parágrafos com uma gama de pronomes pessoais. Releia o coração da parábola, notando o coração do investidor:

> "*Ele* pensou *consigo mesmo*: 'O que [*eu*] vou fazer? [*Eu*] Não tenho onde armazenar *minha* colheita'. "Então [*ele*] disse: '[*Eu*] Já sei o que vou fazer. [*Eu*] Vou derrubar os *meus* celeiros e construir outros maiores, e ali [*eu*] guardarei toda a *minha* safra e todos os *meus* bens. E [*eu*] direi a *mim mesmo*: *Você* tem grande quantidade de bens, armazenados para muitos anos. Descanse, coma, beba e alegre-se'."

Esse homem habitava uma casa de um só cômodo repleto de espelhos. Ele olhava para o norte, sul, leste e oeste e via o mesmo indivíduo — ele próprio. Eu. Eu. Meu. Eu. Eu. Meu. Eu. Meu. Meu. Eu. Meu. Não *eles*. Não *vós*. Só *eu*. Mesmo quando ele disse *você*, ele estava falando consigo mesmo. "Você tem grande quantidade de bens. Descanse."

E ele o fez. Conseguiu juntar o bastante para poder comer, beber e se reclinar. Mudou-se para Scottsdale, comprou uma casa de cinco quartos, de vários níveis, no relvado liso do *country club*. Descarregou os caminhões de mudança, recheou suas contas bancárias, vestiu seu calção de banho e mergulhou na piscina do quintal. Pena que tenha se esquecido de enchê-la de água. Bateu com a cabeça no concreto e acordou na presença de Deus, que não estava nada impressionado com seu portfólio. "Insensato! Esta mesma noite a sua vida lhe será exigida. Então, quem ficará com o que você preparou?" (Lucas 12:20).

O tolo rico foi à pessoa errada ("Ele pensou consigo mesmo") e fez a pergunta errada ("O que vou fazer?"). Seu erro não foi o fato de ter planejado, mas o fato de que seus planos não incluíam Deus. Jesus criticou não a riqueza do homem mas sua arrogância; não a presença de objetivos pessoais mas a ausência de Deus nesses objetivos. E se ele tivesse levado seu dinheiro à pessoa certa (Deus) com a pergunta certa ("O que queres que eu faça?")?

O acúmulo de riqueza é uma defesa popular contra o medo. Como tememos perder nosso emprego, plano de saúde ou benefícios de aposentadoria, acumulamos posses, pensando que, quanto mais tivermos, mais seguros estaremos. A mesma insegurança motivou os construtores de Babel. As nações que se espalharam depois do dilúvio de Noé decidiram se isolar. "Vamos construir uma cidade, com uma torre que alcance os céus. Assim nosso nome será famoso e não seremos espalhados pela face da terra" (Gênesis 11:4).

Você percebe o medo nessas palavras? As pessoas tinham medo de se espalharem e de se separarem. No entanto, em vez de se virarem para Deus, eles se viraram para coisas materiais. Eles acumularam e amontoaram. Juntaram e construíram. Notícias de seus esforços chegariam aos céus e manteriam seus inimigos a distância. O lema de Babel era este: "Quanto mais você amontoar, mais seguro estará." Então eles amontoaram. Eles empilharam pedras e argamassa e tijolos e fundos mútuos e previdências privadas e cadernetas de poupança. Eles acumularam pensões, posses e propriedades. Sua torre de coisas ficou tão alta que eles tinham dor no pescoço só de olhar para ela.

"Estamos a salvo" anunciaram na cerimônia, cortando a faixa.

"Não, não estão", corrigiu Deus. E os construtores de Babel começaram a não falar coisa com coisa. A cidade de uma língua se tornou a glossolalia das Nações Unidas — tirando os intérpretes. Deus não invoca uma correção idêntica hoje? Elaboramos ações e investimentos, nos escondemos por trás de fundos. Confiamos em pensões e anuidades a ponto de extratos bancários determinarem o nosso humor. Mas aí vêm as recessões e quedas estilo Katrina, e a confusão começa toda de novo.

Durante o colapso econômico de outubro de 2008, um homem de Stamford, Connecticut, ameaçou explodir um banco. Quando perdeu $500.000 de seu portfólio de $2.000.000, ele planejou levar uma arma para o prédio e tirar a vida de pessoas inocentes se necessário.[1] Como se sair atirando por aí fosse fazer alguma coisa para restaurar a perda dele. O medo nunca foi famoso por sua lógica.

Se não houvesse Deus, guardar coisas seria a única resposta apropriada para um futuro incerto. Mas há Deus. E esse Deus não quer que seus filhos confiem no dinheiro. Ele respondeu à tolice do homem rico com uma enxurrada de apelos "Não se preocupe". "Não se preocupem com sua própria vida... Não busquem ansiosamente o que comer ou beber; não se preocupem com isso" (Lucas 12:22-29).

Não siga o caminho do caipira rico que tinha muito dinheiro, mas era pobre de senso espiritual. Em vez disso, "Não tenham medo, *pequeno rebanho*, pois foi do agrado do Pai dar-lhes o Reino" (Lucas 12:32). Essa é a única ocasião em que Jesus nos chama de "pequeno rebanho". A discussão da provisão levanta a preocupação pastoral.

Uma vez, andei a cavalo com uma pastora pelas Black Mountains do País de Gales. Os vales verdes estavam cobertos como algodão com cabeças de ovelhas. Encontramos um membro do rebanho que tinha se enfiado em um apuro. Ela estava presa de costas em um sulco em uma estrada de terra e não conseguia se levantar.

Quando a pastora a viu, ela desmontou do cavalo, olhou para mim e riu. "Elas não são animais dos mais inteligentes." Ela socorreu o animal, que saiu correndo.

Nós não somos animais dos mais inteligentes, também. No entanto, temos um pastor que nos levantará. Como um bom pastor, ele não vai nos deixar despidos ou com fome. "Nunca vi o justo desamparado, nem seus filhos mendigando o pão" (Salmo 37:25). Que lembrete bem-vindo! Quando hipotecas são executadas ou pensões evaporam, precisamos de um pastor. Em Cristo temos um. E "foi do agrado do Pai dar-lhes o Reino".

Dar caracteriza a criação de Deus. Desde a primeira página das Escrituras, ele é apresentado como um criador filantrópico. Produz em multiplicidade: estrelas, plantas, pássaros e animais. Toda bênção chega aos montes. Deus cria Adão e Eva em uma "liturgia de abundância"[2] e lhes diz que sigam o exemplo: "Sejam férteis e multipliquem-se!" (Gênesis 1:28).

O Tio Patinhas não criou o mundo; Deus o criou.

O Salmo 104 comemora essa criação abundante com 23 versículos de bênçãos itemizadas: os céus e a terra, as águas, correntes, árvores, pássaros, bodes, vinho, óleo, pão, as pessoas e os leões. Deus é a fonte de "inúmeras criaturas, seres vivos, pequenos e grandes... Todos eles dirigem seu olhar a ti, esperando que lhes dês o alimento no tempo certo" (Salmo 104:25-27).

E ele dá. Deus é o grande rio. O grande provedor. A fonte de toda bênção. Absolutamente generoso e completamente confiável. A mensagem ressonante e recorrente das Escrituras é clara: Deus tudo possui. Deus tudo compartilha. Confie nele, não em coisas!

> Ordene aos que são ricos no presente mundo que não sejam arrogantes, nem ponham sua esperança na incerteza da riqueza, mas em Deus, que de tudo nos provê ricamente, para a nossa satisfação. Ordene-lhes que pratiquem o bem, sejam ricos em boas obras, generosos e prontos a repartir. Dessa forma, eles acumularão um tesouro para si mesmos, um firme fundamento para a era que há de vir, e assim alcançarão a verdadeira vida (1 Timóteo 6:17-19).

Você é "rico no presente mundo"? Se você tem os recursos e a educação para ler este livro, você é. Quase metade do mundo — mais de três bilhões de pessoas — vive com menos de US$2,50 por dia.[3] Se você ganha mais, então você é rico, e sua riqueza exige vigilância dupla.

"A adversidade às vezes é dura com um homem", escreveu Thomas Carlyle, "mas para cada homem que goza de prosperidade, existem cem que passarão pela adversidade."[4]

A abundância de posses consegue ofuscar Deus, não importa quão poucas sejam essas posses. Existe uma progressão previsível da pobreza para o orgulho. O homem pobre ora e trabalha; Deus escuta e abençoa. O homem humilde enriquece e se esquece de Deus. O homem pobre e fiel se torna o homem rico e orgulhoso. Como Deus disse por intermédio de Oseias: "Quando eu os alimentava, ficavam satisfeitos; quando ficavam satisfeitos, se orgulhavam, e então me esqueciam" (Oseias 13:6). O homem rico e orgulhoso cai sob o julgamento de Deus. Como podemos evitar isso? Como uma pessoa pode sobreviver à prosperidade?

Não seja soberbo... Não pense por um momento sequer que você teve alguma coisa a ver com sua acumulação. As Escrituras deixam uma coisa clara: suas ações, seu dinheiro em espécie e seus fundos de previdência? Eles não são seus.

> Ao SENHOR, o seu Deus, pertencem os céus e até os mais altos céus, a terra e tudo o que nela existe (Deuteronômio 10:14).
>
> Teus, ó SENHOR, são a grandeza, o poder, a glória, a majestade e o esplendor, pois tudo o que há nos céus e na terra é teu (1 Crônicas 29:11).
>
> "Tanto a prata quanto o ouro me pertencem", declara o SENHOR dos Exércitos (Ageu 2:8).

O rico tolo na história de Jesus não entendeu isso. A mulher sábia que Jesus viu no templo entendeu. "Então, uma viúva pobre chegou-se e colocou duas pequeninas moedas de cobre, de muito pouco valor. Chamando a si os seus discípulos, Jesus declarou: 'Afirmo-lhes que esta viúva pobre colocou na caixa de ofertas mais do que todos os outros. Todos deram do que lhes sobrava; mas ela, da sua pobreza, deu tudo o que possuía para viver'" (Marcos 12:42-44).

A doce mulher estava reduzida a suas últimas moedas e, no entanto, em vez de gastá-las em pão, ela as retornou a Deus. Gurus financeiros da Wall Street teriam lhe sugerido que reduzisse suas doações. Na verdade, os conselheiros de investimentos teriam aplaudido a estratégia de investimento do construtor do celeiro e desencorajado a generosidade da moça. Jesus fez exatamente o oposto. Seu ídolo das finanças era uma mulher pobre que depositou todo seu portfólio na bandeja de doações.

Não "ponham sua esperança na incerteza da riqueza" (1 Timóteo 6:17). O dinheiro é um alicerce pouco confiável. A economia dos EUA já passou por dez recessões entre 1948 e 2001. Essas recessões duraram uma média de dez meses cada e resultaram no prejuízo de bilhões de dólares.[5] Mais ou menos a cada cinco anos a economia dispensa seus pretendentes e começa do zero. O que você pensaria de um homem que fizesse o mesmo com mulheres? Que palavra você usaria para descrever um homem que tivesse tido nove esposas em cinquenta anos?

E que palavra você usaria para descrever a esposa número dez? Que tal essa? *Tola*. Aqueles que confiam no dinheiro são tolos. Estão se preparando para serem enganados e abandonados em uma enxurrada de infelicidade. Você já notou que a palavra *miser* [sovina] em inglês só tem uma letra de diferença para a palavra *misery* [angústia]?

Bob Russell aprendeu a conexão entre as duas palavras. Ele relata esta grande história:

Alguns anos atrás, nossa família se envolveu em um jogo de Banco Imobiliário. Eu estava com sorte. Na primeira rodada, eu parei em Botafogo e no Jardim Paulista e comprei as duas. Depois adicionei Flamengo e Brooklin. Se alguém passasse naquela rua, eu os matava. Comprei todas as companhias. Eu tinha casas e hotéis; eu não conseguia conter meu sorriso debochado. Eu tinha tanto dinheiro que tive que separar um pouco. Todo mundo estava contando suas pequenas notas miúdas e eu tinha centenas e milhares!

Finalmente, quando era cerca de 1h da manhã, todos eles faliram e eu ganhei! Eles se levantaram da mesa sem me dar parabéns e foram para a cama. "Ei! Esperem!" disse eu. "Alguém precisa guardar o jogo." Ao que eles responderam: "É a sua recompensa por vencer. Boa-noite!"

E lá fiquei eu, sozinho. Todos os meus hotéis, todas as minhas propriedades, todo o meu dinheiro; e então eu percebi: isso não vale nada. E eu tive que guardá-los naquela caixa. Dobrá-los e pô-los na prateleira. E eu subi para ir dormir em uma cama fria. Minha mulher não disse: "Sabe, estou muito orgulhosa de você. Você é um investidor impressionante. Nunca podemos derrotá-lo. Você é o senhor Banco Imobiliário." Só me deu um beijo superficial e se virou.[6]

Que bom, no caso de Bob, que seu erro foi em um jogo. Que pena, em muitos casos, que o erro seja na vida.

Não se aborreça quando alguém enriquece e aumenta o luxo de sua casa, pois nada levará consigo quando morrer; não descerá com ele o seu esplendor. Embora em vida ele se para-

> benize: "Todos o elogiam, pois você está prosperando", ele se juntará aos seus antepassados, que nunca mais verão a luz. O homem, mesmo que muito importante, não tem entendimento; é como os animais, que perecem (Salmo 49:16-20).

Deus tudo possui e nos dá todas as coisas para desfrutarmos. Ele é um bom pastor para nós, seu pequeno rebanho. Confie nele, não em coisas. Passe do medo da escassez para o conforto da provisão. Juntar menos, compartilhar mais. "Pratiquem o bem, sejam ricos em boas obras, generosos e prontos a repartir."

E, acima de tudo, substitua o medo do próximo inverno pela fé no Deus vivo. Afinal de contas, é tudo dinheiro de Banco Imobiliário. Tudo volta para a caixa quando o jogo acaba.

Capítulo 10

Medo dos momentos finais da vida

Morto de medo

Não se perturbe o coração de vocês. Creiam em Deus; creiam também em mim [...] voltarei e os levarei para mim, para que vocês estejam onde eu estiver.

João 14:1,3

Uma vez, em um sonho, encontrei um homem que estava usando um chapéu e um casaco de veludo. Ele era a versão professor do Indiana Jones: distinto, ar professoral, mandíbulas proeminentes e um olhar gentil. Ele frequentava velórios. Aparentemente eu também, pois o sonho consistia em um velório atrás do outro — em capelas e sepulturas. Ele nunca tirava o chapéu. Eu nunca lhe perguntei por que ele o usava, mas pedi que explicasse sua presença proverbial em enterros.

"Eu venho para levar as pessoas para sua morada eterna." Em meus momentos acordado essa explicação teria motivado um telefonema para o FBI para uma checagem completa. Mas esse era um sonho, e os sonhos permitem estranhezas, então não investiguei a fundo. Não perguntei a fonte de sua lista nem seu meio de transporte. Não achei estranho ver aquele chapéu nos velórios. Mas achei estranho encontrar esse homem em uma rua movimentada.

Imagine o Carnaval ou a Parada de Sete de Setembro. Uma avenida lotada de gente. "Estou surpreso de vê-lo aqui", disse a ele. Ele não respondeu.

Eu vi um dos meus amigos parado ali perto. Um bom homem, viúvo, idoso, saúde fraca. De repente entendi a presença do anjo de chapéu.

"Você veio buscar meu amigo."

"Não."

Então o sonho fez o que apenas os sonhos podem fazer. Sumiu todo mundo exceto o visitante e eu. A calçada lotada se tornou uma rua tranquila, tão calma que não poderia ter entendido as próximas palavras de modo errado.

"Max, eu vim buscar você."

Curiosamente, eu não resisti; não reagi nem corri. No entanto, eu fiz um pedido. Quando ele concordou, a rua de repente ficou cheia, e eu comecei a ir de pessoa em pessoa, me despedindo. Não contei para ninguém sobre o anjo, nem sobre o chapéu ou para onde eu estava indo. Até onde eles sabiam, eles me veriam de novo no dia seguinte.

Mas eu sabia a verdade e, como eu sabia, o mundo se consertou. Como se as lentes da vida tivessem estado fora de foco e, com uma mexida, a imagem ficou mais nítida. Tolices e ofensas foram esquecidas. O amor foi amplificado. Eu cumprimentei um crítico áspero, dei minha carteira para um pedinte. Abracei pessoas frias e esquentadas. E para os meus entes queridos, minha esposa e filhas, eu dei uma prece. Prece mais simples eu não poderia ter orado. *Fique forte. Confie em Cristo.*

E aí o sonho acabou. Eu estava acordado. E dentro de uma hora eu tinha registrado cada memória do sonho.

Ele me acompanha há anos. Como uma canção ou um suéter favorito, eu volto para ele. Não posso dizer que faço o mesmo com os outros sonhos. Mas esse se destaca porque ressona com um desejo profundo do qual pode ser que você compartilhe: o desejo de enfrentar a morte sem medo. Morrer sem medo ou luta... talvez com um sorriso.

Impossível? Alguns já disseram isso.

Aristóteles disse que a morte deve ser a coisa mais temida porque "parece ser o fim de tudo".[1] Jean-Paul Sartre afirmou que a morte "tira todo o significado da vida".[2] Robert Green Ingersoll, um dos agnósticos mais francos dos EUA, não conseguiu oferecer palavras de esperança no enterro de seu irmão. Ele disse: "A vida é um vale estreito entre os frios e áridos picos de duas eternidades. Esforçamo-nos para olhar além das alturas."[3] O pessimismo do filósofo francês François Rabelais era igualmente ártico. Ele fez desta frase a sua última: "Estou indo para o grande Talvez."[4] Shakespeare descreveu o pós-vida com os termos mais sombrios da fala de Hamlet: "O medo de alguma coisa após a morte, o país não descoberto de onde nenhum viajante retorna."[5]

Que linguagem triste e deprimente! Se a morte nada mais é do que "o fim de tudo", "áridos picos" e "o grande Talvez", qual é a possibilidade de morrer bravamente? Mas, e se os filósofos tiverem errado? Suponha que a morte seja diferente do que eles pensaram, menos uma maldição e mais uma passagem, não uma crise a ser evitada, mas uma esquina para virar? E se o cemitério não for o domínio da Morte mas o domínio do Guardião das Almas, que um dia anunciará: "Vocês, que voltaram ao pó, acordem e cantem de alegria" (Isaías 26:19)?

Essa é a promessa de Cristo: "Não se perturbe o coração de vocês. Creiam em Deus; creiam também em mim. Na casa de meu Pai há muitos aposentos; se não fosse assim, eu lhes teria dito. Vou preparar-lhes lugar. E se eu for e lhes preparar lugar, voltarei e os levarei para mim, para que vocês estejam onde eu estiver" (João 14:1-3).

Embora as palavras de Jesus nos pareçam confortantes, elas pareceram radicais para seus ouvintes do século I. Ele estava prometendo realizar um feito que ninguém tinha ousado visualizar ou imaginar. Ele retornaria dos mortos e resgataria seus seguidores da sepultura.

O judaísmo tradicional ficou dividido no assunto da ressurreição. "Os saduceus dizem que não há ressurreição nem anjos nem espíritos, mas os fariseus admitem todas essas coisas" (Atos 23:8). Os saduceus viam a sepultura como uma viagem trágica só de ida para Seol. Sem escapatória. Sem esperança. Sem possibilidade de liberdade condicional. "Pois os vivos sabem que morrerão, mas os mortos nada sabem" (Eclesiastes 9:5).

Os fariseus imaginavam uma ressurreição no "grande último dia. Não há tradições sobre profetas sendo levantados para uma nova vida corpórea. [...] Por mais que Abraão, Isaque e Jacó tenham sido no imaginário judaico, ninguém imaginou que eles tivessem sido levantados dos mortos".[6]

A filosofia grega antiga usava um linguajar diferente, mas resultava em desespero idêntico. Seu mapa da morte incluía o rio Estige e o barqueiro Caronte. Ao morrer, a alma do indivíduo seria levada de barco pelo rio e solta em um pós-vida sem sol com espíritos sem corpos e sombras.

Foi nesse panorama que Jesus entrou. Os respeitados pensadores dos saduceus e dos gregos não tinham uma fonte de ressurreição de onde escrever. Os fariseus imaginavam uma vida após a sepultura mas não até o fim da história. No entanto, Jesus entrou nesse pântano de incerteza e construiu uma resistente ponte. Ele prometeu não só um pós-vida, mas uma vida melhor.

"Na casa de meu Pai há muitos aposentos...Vou preparar-lhes lugar" (João 14:2). Nós do ocidente podemos não perceber as imagens de casamento, mas pode apostar que os ouvintes de Jesus as notavam. Essa era uma promessa de noivo para noiva. Após receber a permissão de ambas as famílias, o noivo retornava para a casa de seu pai e construía uma casa para sua noiva. Ele "preparava lugar".

Ao prometer fazer o mesmo por nós, Jesus eleva os enterros ao mesmo nível de esperança dos casamentos. De sua perspectiva, a viagem para o cemitério e a caminhada até o altar produzem animação idêntica.

Essa questão tem a ver com a nossa casa, já que nós estamos no meio dos preparativos de um casamento. Estou usando a palavra *nós* por força do hábito. Denalyn e nossa filha Jenna estão nos preparativos do casamento. Eu estou sorrindo, concordando e assinando os cheques. Nossa casa ferve de conversas sobre vestidos de noiva, bolos de casamento, convites e recepções. A data já está escolhida, a igreja reservada e a animação está nas alturas. Casamentos são uma ótima notícia!

Assim como, diz Jesus, o são os enterros. Ambos comemoram uma nova era, um novo nome e um novo lar. Em ambos, o noivo leva a noiva de braços dados. Jesus é seu noivo. "Eu virei buscar você..." Ele lhe encontrará no altar. Sua última imagem da vida vai ativar a sua primeira imagem dele.

Mas como podemos ter certeza de que ele vai cumprir a sua promessa? Temos alguma garantia de que suas palavras são mais do que poesia vazia ou vã superstição? Ousamos pôr nossa esperança e nosso coração nas mãos de um carpinteiro judeu do interior? A resposta está no cemitério de Jerusalém. Se a tumba de Jesus estiver vazia, então a promessa dele não o é. Deixe que o apóstolo Paulo reduza a lógica a uma só frase: "Mas cada um por sua vez: Cristo, o primeiro; depois, quando ele vier, os que lhe pertencem" (1 Coríntios 15:23).

Paulo estava escrevendo para os cristãos coríntios, pessoas que tinham sido escoladas na filosofia grega de um pós-vida sombrio. Alguém os estava convencendo de que cadáveres não podiam ser levantados, nem os deles nem o de Cristo. O apóstolo não podia tolerar tal pensamento. "Irmãos, quero lembrar-lhes o evangelho que lhes preguei" (1 Coríntios 15:1). Com a insistência de um advogado em argumentação final, revisou os fatos: "[Jesus] ressuscitou no terceiro dia... apareceu a Pedro... aos Doze. A mais de quinhentos irmãos de uma só vez... a Tiago... a todos os apóstolos... depois... a mim" (1 Coríntios 15:4-8).

Chame as testemunhas, ele ofereceu. Chame a todos, um por um. Deixe que cada pessoa que viu o Cristo após a ressurreição o diga. Melhor levar seu almoço e liberar a sua agenda, pois mais de cinquenta testemunhas estão dispostas a falar.

Você vê a lógica de Paulo? Se uma pessoa diz que teve um encontro com Cristo, desconsidere. Se dez pessoas oferecem testemunhos, considere histeria local. Mas cinquenta pessoas? Cem? Trezentas? Quando um testemunho se expande para centenas, a descrença se torna crença.

Paulo conhecia, não algumas, mas centenas de testemunhas oculares. Pedro. Tiago. João. Os seguidores, a reunião de quinhentas pessoas, e o próprio Paulo. Eles viram Jesus. Eles o viram fisicamente.

Eles o viram de fato. Não viram um fantasma ou experimentaram uma sensação. Elogios solenes frequentemente incluem frases como "Ela viverá para sempre em meu coração". Os seguidores de Jesus não estavam dizendo isso. Eles viram Jesus "em carne e osso".

Quando apareceu para os discípulos, ele lhes garantiu: "Sou eu mesmo!" (Lucas 24:39). Os discípulos, que iam para Emaús, não viram nada de extraordinário em seu corpo. Seus pés tocavam o chão. Suas mãos tocavam o pão. Eles pensaram que fosse um companheiro peregrino até que "os olhos deles foram abertos" (Lucas 24:31). Maria viu Jesus no jardim e o chamou de "senhor" (João 20:15). Os discípulos viram Jesus cozinhando peixe na praia. O Cristo ressurrecto fez coisas físicas em um corpo físico. "Vejam as minhas mãos e os meus pés. Sou eu mesmo! Toquem-me e vejam; um espírito não tem carne nem ossos, como vocês estão vendo que eu tenho" (Lucas 24:39).

Jesus experimentou uma ressurreição física e factual. E — aqui está — como ele o fez, nós também o faremos! "Mas cada um por sua vez: Cristo, o primeiro; depois, quando ele vier, os que lhe pertencem" (1 Coríntios 15:23).

Aristóteles estava errado. A morte não deve ser temida. Sartre estava enganado. Seu último momento não é o seu pior. O itinerário grego era impreciso. Caronte não vai lhe transportar para o esquecimento. Quinhentas testemunhas deixaram um testemunho ainda ressonante: é seguro morrer.

Então vamos morrer com fé. Vamos deixar a ressurreição entrar nas fibras de nosso coração e definirem o modo como olhamos para a sepultura. Vamos "[libertar] aqueles que durante toda a vida estiveram escravizados pelo medo da morte" (Hebreus 2:15).

Jesus dá coragem para a passagem final. Ele o fez para Charles Lindbergh, a primeira pessoa a atravessar voando, sozinho, o Oceano Atlântico. Quando o piloto descobriu que tinha câncer terminal, ele e sua esposa foram passar seus dias finais em sua casa no Havaí. Ele convidou um pastor para conduzir seus ritos finais e escreveu essas palavras para serem lidas em seu enterro:

> Entregamos o corpo de Charles A. Lindbergh a seu descanso final; mas seu espírito entregamos a Deus Todo-Poderoso,

sabendo que a morte nada mais é do que uma nova aventura na existência e lembrando como Jesus disse na cruz: "Pai, em tuas mãos eu confio meu espírito".[7]

A morte — "uma nova aventura na existência". Não precisa temê-la ou ignorá-la. Graças a Cristo, você pode enfrentá-la.

Eu o fiz. Minha cirurgia cardíaca foi uma das mais arriscadas. Mas qualquer procedimento que exija quatro horas de exames dentro do seu coração basta para uma prece a mais. Então, na noite anterior à minha cirurgia, eu, Denalyn e alguns gentis amigos fizemos a nossa contribuição. Estávamos hospedados em um hotel ao lado da Cleveland Clinic em Ohio. Pedimos a Deus que abençoasse os médicos e cuidasse das enfermeiras. Depois de conversarmos por alguns minutos, eles me desejaram sorte e se despediram. Eu precisava ir dormir cedo. Mas antes de dormir, eu queria oferecer mais uma prece... sozinho.

Desci de elevador até o *lobby* e encontrei um canto quieto e comecei a pensar. *E se a cirurgia der errado? E se esta for minha última noite na terra? Preciso ficar de bem com alguém? Preciso ligar para alguém e fazer as pazes?* Eu não conseguia pensar em ninguém. (Assim, se você está pensando que eu deveria ter lhe telefonado, desculpe. Talvez precisemos conversar.)

Em seguida, escrevi cartas para minha esposa e para minhas filhas, cada uma começando com a frase: "Se você está lendo isso, algo errado aconteceu na cirurgia."

Depois eu e Deus tivemos a mais franca das conversas. Começamos com uma boa revisão do meu primeiro meio século. Os detalhes entediariam você, mas nos entretiveram. Eu lhe agradeci por graças além da conta e por uma esposa que descendia dos anjos. Minha soma de bênçãos poderia ter ido a noite toda e ameaçou fazer exatamente isso. Então eu parei e ofereci esta prece: *Estou em boas mãos, Senhor. Os médicos são bem preparados; a equipe é experiente. Mas mesmo com todo o cuidado, as coisas acontecem. Esta pode ser minha última noite nesta versão da vida, e eu quero que tu saibas que, se este for o caso, tudo bem.*

E então eu fui para a cama. E dormi como um bebê. Aconteceu que nenhum anjo veio. Não vi o chapéu. Recuperei-me da cirurgia e aqui estou, forte como nunca, ainda digitando feito um louco no teclado do computador. No entanto, uma coisa está diferente. Esta coisa de morrer corajosamente?

Acho que eu vou.

Que você possa fazer o mesmo.

CAPÍTULO 11

MEDO DO QUE VEM POR AÍ

VIDA CAFEINADA

Deixo-lhes a paz; a minha paz lhes dou. Não a dou como o mundo a dá. Não se perturbe o seu coração, nem tenham medo.

JOÃO 14:27

Ah, se pudéssemos encomendar a vida como encomendamos café! Você não adoraria misturar e combinar os ingredientes do seu futuro?

"Dê-me um copo duplo bem quente de aventura, sem perigos, com duas doses de boa saúde."

"Uma mistura sem cafeína de longevidade, por favor, com uma borrifada de fertilidade. Capriche na agilidade e tire a incapacidade."

"Eu quero um café colombiano de prazer com um pouco de indulgência. Certifique-se de que não venha com consequências".

"Eu vou beber um grande café com leite feliz, com uma dose de amor e borrifado com aposentadoria no Caribe."

Leve-me a *essa* cafeteria. Pena que não exista. A verdade é que a vida muitas vezes nos entrega uma mistura inteiramente diferente da que pedimos. Já se sentiu como se o garçom-lá-de-cima chamasse seu nome e lhe entregasse uma xícara de estresse indesejado?

"Joe Jones, aproveite sua aposentadoria antecipada. Parece que ela vem com problemas maritais e inflação."

"Mary Adams, você queria quatro anos de estudos universitários e depois filhos. Você terá os filhos primeiro. Parabéns pela sua gravidez."

"Uma xícara quente de transferência de emprego seis meses antes da formatura da sua filha, Susie. Gostaria de paciência para acompanhar?"

A vida vem cafeinada com surpresas. Mudanças. Transições. Alterações. Você desce degraus, se muda da sua casa, vai morar com o novo namorado, sobe os degraus do sistema. Tanta mudança. Algumas são bem-vindas, outras não. E nessas raras épocas em que você acha que o mundo se acalmou, cuidado! Um senhor de 71 anos recentemente disse a um amigo meu: "Tive uma boa vida. Estou curtindo minha vida agora, e estou otimista com o futuro." Duas semanas depois um tornado destruiu a região, levando a vida de seu filho, nora, neto e a mãe de sua nora. Simplesmente não sabemos, não é? Em nossa lista de medos, o medo do que vem por aí exige uma posição proeminente. Podemos até pedir uma vida descafeinada, mas não a recebemos. Os discípulos não a receberam.

"Vou" (João 14:28).

Imagine o estranhamento deles quando ouviram Jesus dizer isso. Ele falou isso na noite da comemoração da Páscoa, na quinta-feira à noite, no Salão Superior. Cristo e seus amigos tinham acabado de gozar de um calmo jantar no meio de uma semana caótica. Eles tinham razões para otimismo: a popularidade de Jesus estava crescendo rapidamente. As oportunidades estavam aumentando. Em três curtos anos as multidões tinham levantado Cristo em seus ombros... ele era a esperança do homem comum.

Os discípulos estavam falando de retórica do reino, prontos para fazer chover fogo em seus inimigos, pleiteando posições no gabinete de Cristo. Eles imaginavam a restauração de Israel a seus dias de glória. Bastava de ocupação romana e opressão estrangeira. Essa era a marcha para a liberdade, e Jesus a estava liderando.

E agora isso? Jesus disse: "Vou." O anúncio os pegou de suspresa. Quando Jesus explicou: "Vocês conhecem o caminho para onde vou", Tomé, não sem uma boa dose de exasperação, respondeu: "Senhor, não sabemos para onde vais; como então podemos saber o caminho?" (João 14:4,5).

Cristo entregou aos discípulos uma xícara com uma grande transição e eles tentaram devolvê-la. Não faríamos o mesmo? E no entanto quem consegue? Que pessoa passa por toda a vida sem surpresas? Se você não quer mudanças, vá a uma máquina que venda refrigerantes; só lá você não encontrará mudanças. Lembra-se do resumo de Salomão?

> Para tudo há uma ocasião certa;
> há um tempo certo para cada propósito debaixo do céu:
> Tempo de nascer e tempo de morrer,
> tempo de plantar e tempo de arrancar o que se plantou,
> tempo de matar e tempo de curar,
> tempo de derrubar e tempo de construir,
> tempo de chorar e tempo de rir,
> tempo de prantear e tempo de dançar,
> tempo de espalhar pedras e tempo de ajuntá-las,
> tempo de abraçar e tempo de se conter,
> tempo de procurar e tempo de desistir,
> tempo de guardar e tempo de jogar fora,
> tempo de rasgar e tempo de costurar,
> tempo de calar e tempo de falar,
> tempo de amar e tempo de odiar,
> tempo de lutar e tempo de viver em paz (Eclesiastes 3:1-8).

Eu contei 28 tempos diferentes. De nascer, morrer, prantear, se alegrar, amar, odiar, abraçar, separar. Deus entrega a vida do mesmo modo como administra seu cosmos: com tempos. No que diz respeito à terra, entendemos a estratégia de administração de Deus. A natureza precisa do inverno para descansar e da primavera para despertar. Não corremos para abrigos subterrâneos ao avistar os botões da primavera. As cores do outono não disparam sirenes de alerta. As estações da terra não nos incomodam. Mas estações pessoais inesperadas certamente incomodam. Do jeito que entramos em pânico ao avistar mudanças, parece que há bombas caindo em Iowa.

"Corram e protejam-se! A formatura está chegando!"

"A diretoria acabou de contratar um novo CEO! Protejam-se!"

"Ponham as mulheres e crianças no ônibus e corram para o norte. A loja de departamentos está falindo!"

A mudança deixa nossa vida de cabeça para baixo e, quando o faz, Deus envia alguém especial para nos estabilizar. Na noite anterior à sua morte, Jesus fez essa promessa a seus seguidores: "Mas o Conselheiro, o Espírito Santo, que o Pai enviará em meu nome, lhes ensinará todas as coisas e lhes fará lembrar tudo o que eu lhes disse. Deixo-lhes a paz; a minha paz lhes dou. Não a dou como o mundo a dá. Não se perturbe o seu coração, nem tenham medo" (João 14:26,27).

Como um professor de partida pode apresentar a turma a seu substituto, assim Jesus nos apresenta ao Espírito Santo. E que endosso ele dá! Jesus diz que o Espírito Santo será enviado "em seu nome". O Espírito vem no nome de Cristo, com igual autoridade e poder idêntico. Anteriormente nessa noite, Jesus havia dito: "E eu pedirei ao Pai, e ele lhes dará outro Conselheiro para estar com vocês para sempre" (João 14:16).

"Outro Conselheiro." Ambas as palavras brilham. A língua grega goza de duas palavras distintas para *outro*. Uma significa "totalmente diferente" e, a segunda, "um exatamente como o primeiro". Quando Jesus promete "outro Conselheiro", ele usa a palavra número dois, prometendo "um exatamente como o primeiro".

A distinção é instrutiva. Digamos que você esteja lendo um livro no ônibus. Alguém se senta ao seu lado, interrompe sua leitura, e pergunta sobre o livro. Você lhe diz: "É um livro do Max Lucado. Aqui, tome. Eu posso comprar *outro*."

Quando você diz "Eu posso comprar outro", você quer dizer "outro" no sentido de "qualquer outro" livro? Um romance policial, um livro de receitas ou um livro de romance? É claro que não. Sendo uma pessoa de excelente gosto, você quer dizer um livro que é idêntico ao que você gentilmente deu. Se você estivesse falando grego, você teria usado o termo que João usou ao registrar a promessa de Jesus: *allos* — "um exatamente como o primeiro".

E quem é o primeiro? O próprio Jesus. Assim, a garantia que Jesus dá aos discípulos é esta: "Eu vou. Vocês estão entrando em um novo tempo, um capítulo diferente. Muita coisa vai ser diferente, mas uma coisa permanece constante: a minha presença. Vocês gozarão da presença de 'outro Conselheiro'".

Conselheiro significa "intercessor, advogado, aquele que fortalece, que está por perto, amigo, ajudante". Todas as descrições tentam retratar o belo significado de *parakletos*, uma palavra composta de duas palavras gregas. *Para* significa "ao lado de" (pense em "paralelo" ou "paradoxo"). *Kletos* significa "ser chamado, designado, apontado". O Espírito Santo é designado para vir ficar ao seu lado. Ele é a presença de Jesus com e nos seguidores de Jesus.

Você consegue ver como os discípulos precisavam desse encorajamento? É noite da quinta-feira antes da crucificação. Até o nascer do sol da sexta-feira eles abandonarão Jesus. Na hora do café da manhã eles estarão se escondendo em cantos e fendas. Às 9 horas da manhã, soldados romanos pregarão Jesus em uma cruz. A essa hora amanhã ele estará morto e enterrado.

O mundo deles está prestes a virar de cabeça para baixo. E Jesus quer que eles saibam: eles nunca enfrentarão o futuro sem a ajuda dele.

E nem você. Você tem um companheiro de viagem.

Você tem um Pat McGrath. Pat é meu companheiro de ciclismo. Alguns anos atrás, eu adotei o ciclismo na estrada como *hobby* e exercício. Comprei o capacete, as luvas e uma bicicleta leve. Prendi meus tênis nos pedais e quase morri na primeira corrida. As montanhas são como o Everest para os que estão velhos e acima do peso. Eu literalmente tive de levar minha bicicleta para casa andando.

Pat ouviu sobre meu interesse e se ofereceu para pedalar comigo. Pat prefere andar de bicicleta a respirar. Para ele, andar de bicicleta *é* respirar. Se ele não tivesse um emprego e cinco filhos, a Tour de France poderia ter tido mais um norte-americano. Ele tem pistões no lugar de pernas e um motor de locomotiva no lugar de um coração. Quando eu reclamei das ruas íngremes e dos ventos fortes, ele ofereceu: "Sem problemas. Você pode andar na minha cola."

Andar na cola de um ciclista é andar bem perto dele. Quando Pat e eu encontramos um vento forte, eu me posiciono atrás dele o mais perto que ouso. Meu pneu dianteiro está a cerca de trinta centímetros do pneu traseiro dele. Ele vai na frente no vento, me deixando um cone de calmaria para eu pedalar. E quando subimos montanhas íngremes? Fico um pouco embaraçado de admitir isso, mas Pat põe uma mão nas minhas costas e me empurra ladeira acima.

Você não gostaria de ter um amigo assim? Você tem. Quando você põe sua fé em Cristo, Cristo põe seu Espírito antes de você, atrás e dentro de você. Não um espírito estranho, mas o *mesmo* Espírito: o *parakletos*. Tudo o que Jesus fez por seus seguidores, o Espírito dele faz por você. Jesus ensinava; o Espírito ensina. Jesus curava; o Espírito cura. Jesus confortava; o Espírito conforta. Enquanto Jesus lhe envia para novos tempos, envia seu conselheiro para ir com você.

Deus lhe trata como uma mãe tratava seu jovem filho, Timmy. Ela não gostava de imaginar Timmy indo para a aula, na primeira série, desacompanhado. Mas ele era grande demais para ser visto com sua mãe. "Além do mais", explicou ele, "posso ir com um amigo." Então ela fez o possível para ficar calma, citando o Salmo 23:6 para ele todas as manhãs: "Sei que a bondade e a fidelidade me acompanharão todos os dias da minha vida..."

Um dia, ela teve uma ideia. Ela pediu que uma vizinha seguisse Timmy até a escola de manhã, ficando a uma certa distância para que ele não a notasse. A vizinha ficou feliz em fazer isso. Ela levava sua filha pequena para andar de manhã de qualquer forma.

Depois de vários dias, o amiguinho de Timmy notou a moça e a criança.

— Você sabe quem é aquela moça que nos segue até a escola?

— Claro — respondeu Timmy. — Aquelas são Shirley Goodnest e sua filha Marcy.

— Quem?

— Minha mãe lê sobre elas todo dia no Salmo 23:6. Ela diz: "Sei que Shirley Goodnest e Marcy me acompanharão todos os dias da minha vida." Acho que vou ter que me acostumar com elas.

Você também terá. Deus nunca manda você sozinho. Você está na noite anterior à mudança? Você se encontra olhando para um novo capítulo? A folhagem do seu mundo está mostrando sinais de uma nova estação? A mensagem do céu para você é clara: mesmo quando tudo muda, a presença de Deus nunca muda. Você viaja na companhia do Espírito Santo, que "lhes ensinará todas as coisas e lhes fará lembrar tudo o que eu lhes disse" (João 14:26).

Então fique de bem com o que quer que venha por aí.

Abrace-o. Aceite-o. Não resista. A mudança não é só parte da vida; a mudança é uma parte necessária da estratégia de Deus. Para nos usar para mudar o mundo, ele altera nossas incumbências. Gideão: de fazendeiro a general; Maria: de camponesa a mãe de Cristo; Paulo: de rabino local a evangelista mundial. Deus mudou José de irmão caçula para príncipe egípcio. Mudou Davi de pastor para rei. Pedro queria pescar no mar da Galileia. Deus lhe chamou para liderar a primeira igreja. Deus muda as incumbências.

Mas alguém pode perguntar: e as mudanças trágicas que Deus permite? Algumas estações não fazem sentido. Quem pode achar um lugar no quebra-cabeças do mundo para a deformidade de uma criança ou a enormidade da devastação de um terremoto? Quando crianças são abusadas sexualmente ou quando os doentes perdem sua dignidade... esses momentos têm algum propósito?

Têm se os observarmos de uma perspectiva eterna. O que não faz sentido nesta vida vai fazer todo o sentido na próxima. Eu tenho provas: você no ventre.

Eu sei que você não se lembra desse tempo pré-natal, então deixe-me lembrá-lo do que aconteceu durante esse tempo. Cada dia gestacional lhe preparou para sua vida na terra. Seus ossos se solidificaram, seus olhos se desenvolveram, o cordão umbilical transportou nutrientes para dentro de você... para quê? Para que você continuasse lá dentro? Exatamente o contrário. O tempo no ventre lhe preparou para seu tempo na terra, para a sua existência pós-parto.

Algumas funções pré-natais não foram usadas antes do nascimento. Você criou um nariz, mas não respirou. Os olhos se desenvolveram, mas você podia enxergar? Sua língua, unhas dos pés e cabelos não tinham função nenhuma dentro da barriga da sua mãe. Mas você não está feliz de tê-los agora?

Certos capítulos nesta vida parecem tão desnecessários quanto a existência de narinas no feto. Sofrimento. Solidão. Doenças. Holocaustos. Martirizações. Monções. Se partirmos do princípio de que este mundo existe apenas para felicidade pré-sepultura, essas atrocidades não se qualificam como tal. Mas e se esta terra for o útero? Será que esses desafios, por mais severos que possam ser, servem para nos preparar para o mundo que virá? Como Paulo escreveu, "nossos sofrimentos leves e momentâneos estão produzindo para nós uma glória eterna que pesa mais do que todos eles" (2 Coríntios 4:17).

Glória eterna. Gostaria de uma xícara grande, por favor. "Uma porção gigante de alegria sem fim na presença de Deus. Exagere nas maravilhas, e corte toda a dor." Vá em frente e peça. O Barista ainda está trabalhando. Até onde você sabe, pode ser a próxima xícara que você vai beber.

Capítulo 12

Medo de que Deus não exista

A sombra da dúvida

Ele lhes disse: "Por que vocês estão perturbados e por que se levantam dúvidas no coração de vocês?"

Lucas 24:38

Woody Allen não consegue dormir à noite. Ele é uma alma inquieta. Os medos deixam o cineasta, em seus setenta e poucos anos, acordado. Ao olhar para ele você pensaria o contrário, com seu jeito tímido e com seu sorriso gentil. Ele poderia passar como o tio ideal de todo mundo, educado e afável. Seu cabelo parece ser a única parte amarrotada nele. E, no entanto, anacondas de medo se alimentam à vontade.

O vazio o devora. Ateu ao extremo, Allen vê a vida como um "pequeno filme sem significado". Sem Deus, sem propósito, sem vida após esta vida e, consequentemente, sem vida nesta. "Não consigo bolar um bom argumento para escolher a vida ao invés da morte", admite, "exceto o de que tenho medo demais... Todos os trens vão para o mesmo lugar. Todos eles vão para o lixo".

Então ele faz filmes para se manter distraído. Há décadas ele os produz ao ritmo implacável de um por ano. "Preciso ficar concentrado em alguma coisa para não ver o todo."[1]

Suponho que exista alguém que não consiga compreender os medos de Woody Allen. Deve haver neste grande mundo de Deus uma alma que nunca tenha duvidado da existência de Deus ou questionado a bondade dele. Mas essa alma não está escrevendo este livro.

Meus momentos de Woody Allen tendem a emergir, de todos os dias possíveis, nas manhãs de domingo. Eu acordo cedo, muito antes de a família começar a se mexer, antes dos primeiros raios de sol ou do barulho do jornal chegando no portão da garagem. Deixe o resto do mundo dormir. Eu não. Domingo é meu grande dia, o dia em que fico de pé diante de uma congregação de pessoas que estão dispostas a trocar trinta minutos de seu tempo por um pouco de convicção e esperança.

Na maioria das semanas, eu as tenho de sobra. Mas ocasionalmente elas me faltam. (Para você é incômodo saber disso?) Às vezes de manhã bem cedo, nas horas pré-púlpito, o aparente absurdo daquilo em que acredito me atinge. Eu me lembro de uma Páscoa em particular. Ao rever meu sermão à luz de um abajur, a mensagem da ressurreição pareceu mítica, mais parecida com uma lenda urbana do que com a verdade do evangelho.

Anjos nas pedras do cemitério; trajes fúnebres obrigatórios, depois não; os soldados morrendo de medo; um Jesus que estava morto, depois não estava mais. Eu quase chegava a esperar o Chapeleiro Louco ou os sete anões saírem de um buraco ao virar a página. Um pouco forçado, não acha?

Às vezes eu acho. E quando acho, me identifico com a inquietação de Woody Allen: o medo de que Deus não exista. O medo de o "porquê?" não ter resposta. O medo de uma vida sem rumo. O medo de que o *status quo* não seja melhor que isso e de que qualquer um que pense de outra forma tenha provavelmente investido em casas de praia em Juneau, no Alaska. As sombras geladas, silenciosas e horríveis da solidão em um vale que emerge de uma curva coberta de névoas ao mesmo tempo em que conduz a essa curva. O vale da sombra da dúvida.

Talvez você conheça seu terreno cinzento. Será? Nele:

- a Bíblia se parece com as fábulas de Esopo;
- as preces voltam como ecos em uma caverna;
- os limites morais estão mapeados a lápis;
- alternativamente as pessoas têm pena ou inveja dos que creem; alguém está enganado. Mas quem?

Até certo ponto todos nós nos aventuramos no vale. Em determinado momento todos nós precisamos de um plano para escapar dele. Posso compartilhar o meu? Essas manhãs de domingo de dúvida se dissipam rapidamente hoje em dia graças a "uma pequena obra de arte",[2] "uma joia literária e espiritual",[3] uma fonte inesgotável de fé borbulhando nas páginas finais do evangelho de Lucas. O médico-transformado-em-historiador dedicou seu último capítulo a responder a uma pergunta: como Cristo responde quando duvidamos dele?

Ele nos leva ao Salão Superior em Jerusalém. É manhã do domingo seguinte à sexta-feira da crucificação. Os seguidores de Jesus tinham se reunido, não para mudar o mundo, mas para escapar dele; não como narradores do evangelho, mas como coelhos amedrontados. Eles tinham enterrado suas esperanças com o corpo do carpinteiro. Uma galinha teria mais coragem do que eles. Fé destemida? Não aqui. Busque um lampejo de decisão ou de coragem nas barbas desses homens — você não vai achar nada.

Um olhar para os rostos das mulheres, no entanto, e seu coração vai pular como o delas. De acordo com Lucas, elas entraram no Salão como uma explosão, anunciando a visão de Jesus.

> Quando voltaram do sepulcro, elas contaram todas estas coisas aos Onze e a todos os outros. As que contaram estas coisas aos apóstolos foram Maria Madalena, Joana e Maria, mãe de Tiago, e as outras que estavam com elas. Mas eles não acreditaram nas mulheres; as palavras delas lhes pareciam loucura (Lucas 24:9-11).

Aqueles que duvidam periodicamente de Cristo, tomem nota e criem coragem. Os apóstolos também tiveram dúvidas. Mas Cristo se recusou a deixá-los a sós com suas perguntas. Ele, aconteceu, não estava nem um pouco morto ou enterrado. Quando ele avistou dois dos discípulos andando com dificuldade na direção de um vilarejo chamado Emaús, o próprio Jesus se aproximou e começou a caminhar com eles; mas os olhos deles foram impedidos de reconhecê-lo. Ele lhes perguntou: "Sobre o que vocês estão discutindo enquanto caminham?" Eles pararam, com os rostos entristecidos (Lucas 24:15-17).

A língua grega salienta a determinação de Jesus: *autos Iesous* significa "o próprio Jesus veio". Para essa missão os anjos não bastariam, um emissário não seria o suficiente, um exército dos melhores soldados do céu não seria enviado. O próprio Jesus veio para o resgate.

E como ele auxiliou a fé dos discípulos? Mil e uma ferramentas o aguardavam. Ele tinha marcado a sexta-feira da crucificação com um terremoto e um eclipse solar. O evangelho de Mateus revela que "os corpos de muitos santos que tinham morrido foram ressuscitados. E, saindo dos sepulcros, depois da ressurreição de Jesus, entraram na cidade santa e apareceram a muitos" (Mateus 27:52,53). Cristo poderia ter convocado alguns deles para conversar com os discípulos em Emaús. Ou ele poderia tê-los levado para um *tour* no sepulcro vazio. Bem, ele poderia ter feito as pedras falarem ou uma figueira dançar. Mas Cristo não fez nada disso. O que ele fez? "Começando por Moisés e todos os profetas, explicou-lhes o que constava a respeito dele em todas as Escrituras" (Lucas 24:27).

Bem, vejam só. Cristo deu uma aula sobre a Bíblia. Ele deu aos que iam para Emaús um curso sobre o Antigo Testamento, desde os escritos de Moisés (do Gênesis ao Deuteronômio) até as mensagens de Isaías, Amós e dos demais. Ele transformou a trilha até Emaús em uma linha do tempo bíblica, pausando para descrever... o estrondo do mar Vermelho? A queda de Jericó? Os erros do rei Davi? De especial importância para Jesus era "o que constava a respeito dele em todas as Escrituras". Seu rosto é marca d'água em mais histórias do Antigo Testamento do que você pode imaginar. Jesus é Noé, salvando a humanidade do desastre; Abraão, o pai de uma nova nação; Isaque, posto no altar por seu pai; José, vendido por um saco de prata; Moisés, chamando escravos à liberdade; Josué, apontando na direção da terra prometida.

"Começando por Moisés e todos os profetas, [Jesus] explicou-lhes o que constava a respeito dele em todas as Escrituras." Você consegue imaginar Cristo citando a escritura do Antigo Testamento? Será que Isaías 53 ficou assim: "*Eu fui* transpassado por causa das *suas* transgressões, *fui* esmagado por causa de *suas* iniquidades; o castigo que *lhes* trouxe paz estava sobre *mim*" (v. 5)? Ou Isaías 28: "Eis que *[eu] ponho* em Sião uma pedra, uma pedra já experimentada, uma preciosa pedra angular para alicerce seguro" (v. 16). Será que ele pausou e deu uma piscada para os alunos de Emaús, dizendo: "Eu sou a pedra que Isaías descreveu"? Não sabemos as palavras exatas, mas conhecemos seu impacto. Os dois discípulos sentiram "queimando o nosso coração, enquanto ele nos falava no caminho" (Lucas 24:32).

A essa altura o trio já tinha cruzado as montanhas rochosas a noroeste, chegando a um vale perfumado e florido de oliveiras e outras árvores frutíferas. A dor e o derramamento de sangue de Jerusalém estavam para trás deles, esquecidos na conversa. A caminhada de 11 quilômetros mais pareceu um passeio de meia hora. Os momentos passaram rapidamente; os discípulos queriam ouvir mais. "Ao se aproximarem do povoado para o qual estavam indo, Jesus fez como quem ia mais adiante. Mas eles insistiram muito com ele: 'Fique conosco, pois a noite já vem.' [...] Quando estava à mesa com eles, tomou o pão, deu graças, partiu-o e o deu a eles. Então os olhos deles foram abertos e o reconheceram, e ele desapareceu da vista deles" (Lucas 24:28-31).

Jesus ensinou a Palavra e partiu o pão, e então como uma névoa em uma manhã de inverno, ele tinha desaparecido. Os homens de Emaús não estavam muito para trás. Os dois largaram o pão partido, pegaram seus sonhos partidos, correram de volta para Jerusalém e procuraram os apóstolos. Eles falaram de sua descoberta, e só foram interrompidos e ofuscados pelo próprio Jesus.

> Enquanto falavam sobre isso, o próprio Jesus apresentou-se entre eles e lhes disse: "Que a paz esteja com vocês!" Eles ficaram assustados e com medo, pensando que estavam vendo um espírito.
>
> Ele lhes disse: "Por que vocês estão perturbados e por que se levantam dúvidas no coração de vocês?"

(Não deixe passar despercebida a conexão causal de Cristo entre o medo e a dúvida. Medos não-respondidos criam discípulos fracos. Não é à toa que Cristo faz de nossas hesitações sua maior preocupação.)

> "Vejam as minhas mãos e os meus pés. Sou eu mesmo! Toquem-me e vejam; um espírito não tem carne nem ossos, como vocês estão vendo que eu tenho." Tendo dito isso, mostrou-lhes as mãos e os pés.

> E por não crerem ainda, tão cheios estavam de alegria e de espanto, ele lhes perguntou: "Vocês têm aqui algo para comer?" Deram-lhe um pedaço de peixe assado, e ele o comeu na presença deles.
>
> E disse-lhes: "Foi isso que eu lhes falei enquanto ainda estava com vocês: Era necessário que se cumprisse tudo o que a meu respeito está escrito na Lei de Moisés, nos Profetas e nos Salmos." Então lhes abriu o entendimento, para que pudessem compreender as Escrituras (Lucas 24:36-45).

Os discípulos não sabiam se ajoelhavam e o adoravam ou se davam meia-volta e corriam. Alguém decidiu que o momento era bom demais para ser verdade e disse que Jesus era um espírito. Cristo poderia ter ficado ofendido. Afinal de contas, ele tinha passado pelo inferno para salvá-los, e eles não podiam diferenciá-lo de um primo do Gasparzinho? Mas, sempre paciente, como é com os que duvidam, Jesus estendeu primeiro uma mão, e depois a outra. Depois um convite: "Toquem-me." Ele pediu comida e, entre mastigadas de peixe assado, Jesus iniciou sua segunda aula bíblica do dia. "Foi isso que eu lhes falei enquanto ainda estava com vocês: Era necessário que se cumprisse tudo o que a meu respeito está escrito na Lei de Moisés, nos Profetas e nos Salmos. Então lhes abriu o entendimento, para que pudessem compreender as Escrituras" (Lucas 24:44,45).

Estamos detectando um padrão, não estamos?

- Jesus avista dois camaradas caminhando na direção de Emaús, cada um parecendo que tinha acabado de enterrar seu melhor amigo. Cristo ou os alcança ou aparece para eles... não sabemos. Levanta o assunto do jardim do Éden e o livro do Gênesis. Logo, uma refeição está sendo comida, seus corações estão aquecidos e seus olhos estão abertos.

- Jesus faz uma visita para os leões covardes do Salão Superior. Não um voo pelo céu como o Super-Homem, perceba. Mas uma visita cara a cara, ponha-sua-mão-na-minha-ferida. Uma refeição é servida, a Bíblia é ensinada, os discípulos encontram coragem e encontramos duas respostas práticas para a pergunta crítica: o que Jesus nos faria fazer com as nossas dúvidas?

Sua resposta? Toque no meu corpo e pondere sobre minha história.

Ainda podemos, você sabe. Ainda podemos tocar o corpo de Cristo. Adoraríamos tocar suas feridas físicas e sentir a carne do nazareno. E no entanto, quando tocamos a igreja, fazemos exatamente isso. "[A igreja] que é o seu corpo, a plenitude daquele que enche todas as coisas, em toda e qualquer circunstância" (Efésios 1:23).

As perguntas podem nos tornar eremitas, nos levando a escondermo-nos. Entretanto, a caverna não tem respostas. Cristo distribui coragem pela comunidade; dissipa as dúvidas pela comunhão. Ele nunca deposita todo o conhecimento em uma pessoa, mas distribui pedaços do quebra-cabeças a muitas. Quando você conjuga o seu entendimento com o meu, e compartilhamos nossas descobertas com eles... Quando nos reunimos, misturamos, confessamos e oramos, Cristo fala.

A união dos discípulos nos instrui. Eles ficaram juntos. Mesmo sem esperança, eles se uniram em uma comunidade conversadora. Eles "conversavam a respeito de tudo o que havia acontecido" (Lucas 24:14). Não é a imagem da igreja — compartilhando notas, trocando ideias, discutindo possibilidades, elevando os espíritos? E ao fazê-lo, Jesus apareceu para ensinar-lhes, provando que "onde se reunirem dois ou três em meu nome, ali eu estou no meio deles" (Mateus 18:20).

E, quando ele fala, compartilha sua história. A terapia de Deus para os que duvidam é sua própria Palavra. "A fé vem por se ouvir a mensagem, e a mensagem é ouvida mediante a palavra de Cristo" (Romanos 10:17). Então a escute.

Jack escutou.

Começamos com a história de um ateu. Podemos concluir com o relato de outro? Jack resumiu a primeira metade de sua vida com um incidente que aconteceu em sua adolescência. Ele chegou à Oxford University em Oxford, Inglaterra, antevendo seu primeiro lampejo do "grupo fabuloso de vértices e torres". No entanto, enquanto andava, não viu nenhum sinal dos grandes *campi*. Só quando se virou que percebeu que na verdade estava se afastando das escolas, andando na direção errada. Mais de trinta anos depois ele escreveu: "Não percebi até que ponto essa pequena aventura era uma alegoria de toda a minha vida."

Ele era um militante ateu, devotado a sua determinação de que Deus não existia, pois nenhum Deus poderia suportar o desastre que chamamos de existência humana. Ele resumiu a sua visão de mundo com um verso de Lucrécio:

Se Deus tivesse projetado o mundo, não seria
Um mundo tão frágil e imperfeito como o vemos.

Dispensando Deus, ele virou sua atenção à academia, se destacando em cada *campus* que estudava. Rapidamente os membros graduados de Oxford o tomaram como um colega respeitado e ele começou a ensinar e a escrever. Entretanto, não muito para debaixo da superfície, suas dúvidas estavam cobrando seu preço. Ele descreveu seu estado mental com palavras como *terrorismo abjeto*, *aflição* e *falta de esperança*. Ele era zangado e pessimista, preso em um furacão de contradições. "Eu sustentava que Deus não existia. Eu também estava com raiva de Deus por ele não existir." Jack teria concordado com a avaliação de Woody Allen da vida: que todos os trens vão para o mesmo lugar... para o lixo. Ele poderia ter passado seus dias andando na direção da escuridão, exceto por dois fatores.

Alguns de seus amigos mais próximos, também membros graduados de Oxford, rejeitaram sua visão materialista e passaram a seguir a Deus e a buscar a Cristo. Primeiro ele pensou que a conversão deles não fazia sentido e não tinha medo de ser "arrastado". Então ele conheceu outros professores que admirava, professores de gabarito como J.R.R. Tolkien e H.V.V. Dyson. Ambos criam devotadamente e insistiram para que Jack fizesse uma coisa que, surpreendentemente, ele nunca tinha feito. Ler a Bíblia. E ele o fez.

Enquanto lia o Novo Testamento, ele ficou admirado com sua figura principal: Jesus Cristo. Jack tinha dispensado Jesus como filósofo hebreu, um grande mestre moral. Mas, enquanto lia, Jack começou a lutar com as alegações que essa pessoa fazia:

se chamar de Deus e oferecer perdoar as pessoas por seus pecados. Jesus, Jack concluiu, ou estava iludido, ou era enganoso, ou era exatamente quem alegava ser, o Filho de Deus.

Na noite de 19 de setembro de 1931, Jack e seus dois colegas, Tolkien e Dyson, fizeram uma caminhada pelas árvores e trilhas do campus de Oxford — uma caminhada a Emaús, por assim dizer. Pois, enquanto caminhavam, davam nova feição às alegações de Cristo e ao sentido da vida. Conversavam até tarde da noite. Jack, C.S. "Jack" Lewis, mais tarde se lembraria de uma rajada de vento que fez as primeiras folhas caírem — uma brisa repentina, que possivelmente veio simbolizar, para ele, o Espírito Santo. Pouco depois daquela noite ele passou a crer. Ele "passou a saber o que realmente é a vida e o que teria sido perdido se ele não a entendesse". A mudança revolucionou seu mundo e, consequentemente, os mundos de milhões de leitores.[4]

O que levou C.S. Lewis, um ateu talentoso, brilhante, linha dura, a seguir Cristo? Simples. Ele tocou o corpo de Cristo, seus seguidores, e, em sintonia com sua história, as Escrituras.

Pode ser simples assim? Pode o abismo entre a dúvida e a fé ser transposto com as Escrituras e a comunhão? Descubra por si mesmo. Da próxima vez em que as sombras vierem, imerja-se nas histórias antigas de Moisés, nas preces de Davi, nos testemunhos dos evangelhos e nas epístolas de Paulo. Reúna-se com outras pessoas que buscam e faça caminhadas diárias a Emaús. E, se um gentil estranho se juntar a vocês no caminho com sábios ensinamentos... considere a possibilidade de convidá-lo para jantar.

CAPÍTULO 13

MEDO DAS CALAMIDADES GLOBAIS

E SE AS COISAS PIORAREM?

Vocês ouvirão falar de guerras e rumores de guerras, mas não tenham medo.

MATEUS 24:6

Eu poderia viver sem os avisos farmacêuticos. Eu entendo o objetivo deles, veja bem. Fabricantes de produtos médicos devem avisar contra qualquer potencial tragédia de modo que, quando tomarmos seus comprimidos e nascer um terceiro braço ou ficarmos verdes, não poderemos processá-los. Entendo isso. Ainda assim, existe alguma coisa na junção das caras felizes com a voz avisando sobre paralisia que simplesmente não funciona.

Vamos torcer para que essa mania de completas revelações não chegue à sala de parto. Ela pode. Afinal de contas, bebês prestes a nascer precisam saber em que estão se metendo. Avisos pré-natais podem se tornar procedimento padrão da maternidade. Você consegue imaginar a cena? Um advogado ao lado do leito de uma mulher? Ela está praticando a respiração entre contrações. Ele está lendo as letrinhas miúdas de um contrato na direção da barriga dela.

> Bem-vindo ao mundo pós-cordão-umbilical. Esteja avisado, entretanto, que a vida humana tem fama de, na maioria dos casos, resultar em morte. Alguns indivíduos já reportaram experiências com vírus letais, agentes químicos e/ou terroristas sedentos de sangue. O nascimento também pode resultar em encontros fatais com tsunamis, motoristas bêbados, violência no trânsito, fome, desastres nucleares e/ou TPM. Efeitos colaterais de viver incluem supervírus, doenças do coração e provas finais. A vida humana não é recomendada para qualquer pessoa que não possa dividir um planeta com déspotas perversos ou sobreviver a um voo à base de comida de avião.

A vida é uma empreitada perigosa. Passamos nossos dias nas sombras de realidades agourentas. O poder de aniquilar a humanidade foi, parece, colocado nas mãos de pessoas que estão felizes em fazê-lo. Discussões de ataques globais fizeram com que um garotinho implorasse a sua mãe: "Por favor, mamãe, não podemos ir para algum lugar onde não haja céu?"[1] Se a temperatura global subir mais alguns graus... se informações secretas caírem em mãos sinistras... se a pessoa errada apertar o botão vermelho errado... e se as coisas só piorarem?

Cristo nos diz que elas vão piorar. Ele prevê resgates espirituais, inquietação ecológica e perseguição mundial. No entanto, no meio disso tudo, ele defende que a coragem ainda é uma opção.

> Cuidado, que ninguém os engane. Pois muitos virão em meu nome, dizendo: "Eu sou o Cristo!" e enganarão a muitos. Vocês ouvirão falar de guerras e rumores de guerras, mas não tenham medo. É necessário que tais coisas aconteçam, mas ainda não é o fim. Nação se levantará contra nação, e reino contra reino. Haverá fomes e terremotos em vários lugares. Tudo isso será o início das dores.
>
> Então eles os entregarão para serem perseguidos e condenados à morte, e vocês serão odiados por todas as nações por minha causa. Nessa ocasião muitos ficarão escandalizados, trairão e odiarão uns aos outros, e numerosos falsos profetas surgirão e enganarão a muitos. Devido ao aumento da maldade, o amor de muitos esfriará, mas aquele que perseverar até o fim será salvo. E este evangelho do Reino será pregado em todo o mundo como testemunho a todas as nações, e então virá o fim (Mateus 24:4-14).

As coisas vão piorar muito, muito mesmo, antes de melhorarem. E, quando as condições piorarem, "não tenham medo" (Mateus 24:6). Jesus escolheu um termo vigoroso para *medo* que não usou em nenhuma outra ocasião. Significa "gritar, berrar", como se Jesus tivesse aconselhado os discípulos: "Não deem ataque quando coisas ruins acontecerem."

Os discípulos estavam fazendo muita tempestade em copo d'água sobre as construções do templo de Jerusalém. Impressionados com as imensas pedras entalhadas — algumas com cerca de sete metros de comprimento —, os seguidores aplaudiram a estrutura fantástica com seu mármore raiado que lembrava as ondas do mar. Jesus não estava impressionado. "'Vocês estão vendo tudo isto?', perguntou ele. 'Eu lhes garanto que não ficará aqui pedra sobre pedra; serão todas derrubadas'" (Mateus 24:2).

Imagine alguém prevendo o colapso da Casa Branca, do Palácio de Buckingham ou do Louvre. Você não ia querer alguns detalhes? Os discípulos quiseram. "Dize-nos, quando acontecerão essas coisas? E qual será o sinal da tua vinda e do fim dos tempos?" (Mateus 24:3).

Sentado no Monte das Oliveiras, com visão completa do templo e da Cidade de Davi, Jesus deu um aviso do tipo "apertem os cintos; sério, a vida pode ser fatal à sua saúde".

Ele começou com: "Cuidado, que ninguém os engane. Pois muitos virão em meu nome, dizendo: 'Eu sou o Cristo!' e enganarão a muitos" (Mateus 24:4,5). Note a dupla aparição da palavra *muitos*. Muitos enganados e muitos enganadores. Igrejas são placas de petri — recipiente usado em laboratórios para cultivar micro-organismos — para alimentarem egomaníacos disfarçados de ministros de Deus. Eles o farão "em nome dele", alegando um *status* especial, uma espiritualidade superior. Eles se gabam de terem informações especiais e adornam seus ensinamentos com frases : "Deus me disse...", "Deus falou a mim...", "Deus me guiou...". Eles se apresentam como gurus religiosos, decifradores de códigos, membros de um círculo seleto, inferindo que têm acesso a conhecimentos indisponíveis à pessoa comum. Alguns até mesmo se posicionam como o próprio Jesus, "dizendo: 'Eu sou o Cristo!'" (Mateus 24:5).

Jose Luis de Jesus Miranda está entre eles. Ele não fala meramente sobre Jesus ou ora a ele. Esse homem alega ser o Jesus reencarnado. Diferentemente do Jesus de Nazaré, esse autointitulado Jesus de Porto Rico ensina que não há pecado e que nada que seus seguidores fizerem está errado. Milhares de sectários em mais de trinta países já engoliram seu tônico.[2]

Não se engane, avisa Jesus. Não seja atraído por sua aparência astuta, oratória eloquente ou performance. Mais tarde, no mesmo sermão, Jesus disse: "Pois aparecerão falsos cristos e falsos profetas que realizarão grandes sinais e maravilhas para, se possível, enganar até os eleitos" (Mateus 24:24).

Multidões e milagres. Grandes plateias, feitos espetaculares. Multidões de pessoas. Demonstrações de poder. Quando você os vir, cuidado. O volume alto não quer dizer fé saudável. Não se impressione com números ou truques. Satanás pode falsificar ambos.

Filtre todas as mensagens e mensageiros através desses versículos: "Quem é o mentiroso, senão aquele que nega que Jesus é o Cristo? Este é o anticristo: aquele que nega o Pai e o Filho. Todo o que nega o Filho também não tem o Pai; quem confessa publicamente o Filho tem também o Pai" (1 João 2:22,23). Falsos profetas sempre minimizam o papel de Cristo e maximizam o papel da humanidade. Seja diligente quanto à doutrina. Atenha-se a uma pergunta — essa pessoa está direcionando os ouvintes para Jesus? Se a resposta for sim, seja grato e ore por esse indivíduo. Se a resposta for não, saia enquanto pode.

Junto com a heresia podemos esperar a calamidade. "Vocês ouvirão falar de guerras e rumores de guerras, mas não tenham medo. É necessário que tais coisas aconteçam, mas ainda não é o fim. Nação se levantará contra nação, e reino contra reino. Haverá fomes e terremotos em vários lugares. Tudo isso será o início das dores" (Mateus 24:6-8).

A natureza é uma criação grávida, de nove meses. Quando um tornado destrói uma cidade no Kansas ou um terremoto aniquila uma região no Paquistão, isso são mais do que mudanças barométricas ou alterações nas antigas falhas. O universo está passando pelas horas finais antes do parto. A previsão inclui contrações dolorosas.

E também inclui conflitos: "guerras e rumores de guerras". Uma nação invadindo outra. Uma superpotência desafiando outra. As fronteiras sempre precisarão de pontos de controle. Correspondentes de guerra sempre terão emprego. A população mundial nunca verá paz neste lado do céu.

Os cristãos serão os que mais sofrerão. "Então eles os entregarão para serem perseguidos e condenados à morte, e vocês serão odiados por todas as nações por minha causa. Naquele tempo muitos ficarão escandalizados, trairão e odiarão uns aos outros, e numerosos falsos profetas surgirão e enganarão a muitos. Devido ao aumento da maldade, o amor de muitos esfriará" (Mateus 24:9-12).

O paraíso é cheio de pessoas cujas mortes cumpriram essa profecia. Pedro. Paulo. Estêvão. Tiago. Inácio de Antioquia. Policarpo de Esmirna. Justino. Orígenes. O mundo odiava esses seguidores de Cristo.

O ódio persiste. A Voice of the Martyrs [Voz dos mártires], uma agência cristã que defende liberdades religiosas, alega que foram mortos mais seguidores de Cristo no último século do que em todos os prévios séculos combinados. Aos nomes de Paulo, Tiago e Pedro se juntaram os de Tsehay Tolessa da Etiópia, Xu Yonghai da China e Mehdi Dibaj do Irã.[3] O Global Evangelization Movement [Movimento de Evangelização Global] relata uma média de 165 mil mártires por ano, mais do que quatro vezes o número de um século atrás.[4]

Os EUA, país tão orgulhoso de sua liberdade religiosa, sofre de um crescente ódio em relação a cristãos. Professores zombam publicamente de alunos que creem. Programas de entrevistas denigrem pessoas de fé. Podemos esperar que a perseguição aumente. Quando aumentar, as convicções frágeis vão entrar em colapso. "O amor de muitos esfriará" (Mateus 24:12). Clandestinos espirituais vão abandonar o navio. Os irresolutos se tornarão frios. Muitos frequentadores de igreja serão revelados como fiéis fingidos. Eles não vão deixar só a fé; vão infernizar a vida dos fiéis.

Essa perseguição chegará a nós? Para alguns de vocês ela já chegou. Para muitos de nós ela ainda pode chegar. Se formos presos por nossa fé ou depostos por nossas convicções, que Deus ajude a você e a mim a lembrar o conselho de Cristo: "Não tenham medo" (Mateus 24:6).

Não se apavore com a heresia, com a calamidade e com a apostasia. Não ceda ou desista, pois logo você testemunhará a vitória. "Mas aquele que perseverar até o fim será salvo. E este evangelho do Reino será pregado em todo o mundo como testemunho a todas as nações, e então virá o fim" (Mateus 24:13,14).

Jesus preparou seus seguidores com coragem perspicaz. Ele listou os tufões da vida e então os apontou para "o fim". A confiança na vitória definitiva traz a coragem definitiva. O autor Jim Collins faz referência a essa visão em seu livro *Empresas feitas para vencer*. Collins conta a história do Almirante James Stockdale, que foi prisioneiro de guerra por oito anos durante a Guerra do Vietnã.

Depois da libertação de Stockdale, um repórter lhe perguntou como ele tinha sobrevivido a oito anos em um campo de prisioneiros de guerra.

Ele respondeu:

— Eu nunca perdi a fé no fim da história. Eu nunca duvidei não só de que eu ia sair, mas também de que eu ia prevalecer no final e transformar a experiência no evento que define minha vida; o que, em retrospecto, eu não trocaria.

Então o repórter perguntou:

— Quem não sobreviveu?

O Almirante Stockdale respondeu:

— Ah, essa é fácil. Os otimistas... Foram eles que disseram: "Sairemos até o Natal." E o Natal chegava e ia embora. Então eles diziam: "Sairemos até a Páscoa." E a Páscoa chegava e ia embora. E depois o Dia de Ação de Graças, e depois seria o Natal de novo. E eles morreram de coração partido.[5]

A coragem de verdade abraça as realidades gêmeas da dificuldade atual e do triunfo definitivo. Sim, a vida é um saco. Mas não será assim para sempre. Como um dos meus amigos gosta de dizer: "Tudo vai dar certo no fim. Se ainda não deu certo, ainda não é o fim."

Embora a igreja seja separada como o exército de Gideão, embora a terra de Deus seja esbofeteada pelo clima e ensanguentada pela desventura, embora a própria criação pareça abandonada no mar Ártico, não faça tempestade em copo d'água. "Descanse no SENHOR e aguarde por ele com paciência; não se aborreça com o sucesso dos outros, nem com aqueles que maquinam o mal" (Salmo 37:7).

Evite o otimismo de Poliana. Não ganhamos nada encobrindo a brutalidade da existência humana. Este é um mundo tóxico. Mas também não nos juntamos ao coro da escuridão e da maldição do Galinho Chicken Little. "O céu está caindo! O céu está caindo!" Em algum lugar entre Poliana e o Galinho Chicken Little, entre a negação cega e o pânico espalhafatoso, está o seguidor de Cristo equilibrado, com pensamento claro, ainda crente. De olhos bem abertos, no entanto sem medo. Não horrorizado pelo horripilante. O garoto mais calmo do pedaço, não por falta de valentões, mas por fé em seu Irmão mais velho. O povo antigo de Deus conhecia essa paz: "Ainda que um exército se acampe contra mim, meu coração não temerá; ainda que se declare guerra contra mim, mesmo assim estarei confiante" (Salmo 27:3).

Depois que as bombas da Segunda Guerra Mundial devastaram Varsóvia, da rua principal da cidade só sobrou o esqueleto. "A estrutura mais severamente danificada foi a sede polonesa da British and Foreign Bible Society [Sociedade Bíblica Britânica e Estrangeira], e as palavras na única parede que restou eram claramente legíveis da rua... 'Os céus e a terra passarão, mas as minhas palavras jamais passarão'".[6] Essa é a imagem da esperança cristã. Embora o mundo possa estar em colapso, as obras de Cristo perdurarão.

Então, certifiquem-se de que *não tenham medo* (Mateus 24:6).

"Certifiquem-se de que..." Chefes e professores geralmente usam essa expressão. "*Certifiquem-se de que* preencherão os relatórios." Ou: Seu trabalho é para amanhã. "*Certifiquem-se de que* terminarão seu trabalho." Essas palavras pedem uma atenção adicional, foco especial, determinação extra. Não é isso que Cristo está pedindo de nós? Nestes dias perigosos, neste mundo frágil, com colapsos financeiros nos noticiários e terroristas à solta, temos todas as razões para correr para abrigos de medo e aflição.

Mas Cristo nos diz: "não tenham medo".

"Seja fiel até a morte, e eu lhe darei a coroa da vida" (Apocalipse 2:10).

Certifique-se de que o casco das suas convicções possa aguentar o estresse das colisões.

Os que construíram o *Titanic* deveriam ter sido espertos assim. O transatlântico de luxo afundou porque os empreiteiros compraram rebites baratos e sofreram de mau planejamento. Rebites são a cola que mantém unidas as placas de aço. Sofrendo de uma falta de parafusos de qualidade, os construtores usaram uns de qualidade inferior que explodiram suas cabeças no impacto com o *iceberg*.[7]

Qual a resistência dos parafusos da sua fé? Reforce-os com leituras bíblicas diárias, cultos regulares e comunhão sincera com Deus. "A coragem é o medo que já orou."[8]

E lembre-se: "Tudo isso [tempos difíceis] será o início das dores" (Mateus 24:8), e dores não são de todo ruins. Tome a dor do parto como exemplo. (Fácil para eu dizer.) A dor do parto sinaliza o início do empurrão final. O pediatra assegura à futura mãe: "Vai doer por um tempo, mas vai melhorar." Jesus nos garante o mesmo. Conflitos globais indicam nosso dia no calendário da maternidade. Estamos em nossas horas finais, a apenas alguns empurrões do parto, alguns movimentos do relógio da eternidade da grande coroação da criação. Um mundo totalmente novo está a caminho!

"É necessário que tais coisas aconteçam" (Mateus 24:6). *Necessário* é uma palavra bem-vinda que afirma que todos os eventos, até mesmo os mais violentos, estão sob um plano divino. Toda provação e apuro tem um lugar no esquema de Deus. "A razão pela qual não devemos nos apavorar não é porque as guerras não são pavorosas. Justamente o contrário. É porque sobre todo o caos reina um plano divino."[9]

Todas as coisas, grandes ou pequenas, vêm do propósito de Deus e servem à sua boa vontade. Quando o mundo parece fora de controle, ele não está. Quando os senhores da guerra parecem estar no comando, eles não estão. Quando catástrofes ecológicas dominam o dia, não deixe que elas o dominem.

Vamos confiar em nosso pai celestial da maneira como Peter confiou em seu pai terrestre.

Peter era um estudante universitário de 21 anos quando começou a sentir fortes dores em seu ombro direito. Ele ligou para seu pai pedindo conselhos. A maioria dos estudantes faria o mesmo: ligar para casa pedindo conselhos. Mas poucos estudantes têm um pai melhor para ligar em tal situação. O pai de Peter, Michael, é um cirurgião ortopédico de renome internacional especializado em ombro. Peter ligando para Dr. Wirth com um problema no ombro é como a filha de Bill Gates ligando para ele com uma pergunta sobre seu computador.

Michael inicialmente atribuiu a dor de Peter a levantamento de peso. Mas depois que ele sentiu dormência e formigamentos, o médico começou a suspeitar de uma condição extremamente rara do ombro chamada trombose venosa profunda. Um coágulo estava se formando no ombro de seu filho, perigosamente próximo a seu coração. Michael não estava meramente familiarizado com a condição; ele tinha sido um dos autores do artigo sobre como tratá-lo. Ele enviou Peter para o pronto-socorro e lhe disse para pedir um ultrassom. Aconteceu que Michael acertou o diagnóstico a longa distância na mosca. Peter foi imediatamente internado no hospital, onde o coágulo foi dissolvido, e sua vida na terra foi estendida.

Não seria maravilhoso ter um pai assim?

Nós temos. Ele diagnosticou a dor do mundo e escreveu o livro sobre seu tratamento. Podemos confiar nele. "Tudo vai dar certo no fim. Se ainda não deu certo, ainda não é o fim."

CAPÍTULO 14

MEDO DE DEUS SAIR DA MINHA CAIXA

O ÚNICO TERROR SAUDÁVEL

Os discípulos prostraram-se com o rosto em terra e ficaram aterrorizados. Mas Jesus se aproximou, tocou neles e disse: "Levantem-se! Não tenham medo!"

MATEUS 17:6,7

Uma mulher na fila da recepção do hotel estava segurando um dos meus livros debaixo do braço. Eu estava hesitante de me apresentar com medo de ela me explicar que seu médico tinha prescrito o livro como tratamento para a insônia. Mas eu me arrisquei. Na verdade, ela disse que gostou do livro. Mas depois eu fiquei pensando que ela não tinha realmente acreditado que eu era quem alegava ser.

Ela abriu o livro, olhou para a minha foto e depois para mim.

—Você não é Max Lucado.

— Sim, sou. A foto no livro foi tirada há muitos anos; eu mudei.

Sem sorrir ela olhou de novo para a foto.

— Não — ela insistiu. — Max Lucado tem bigode, cabelo e não tem nenhuma ruga.

— Ele tinha — expliquei.

Ela estava decidida.

— Ele ainda tem.

Eu ia mostrar minha carteira de motorista, mas optei por deixá-la viver em sua ilusão. Afinal, se ela queria se lembrar de mim como tendo trinta anos, quem era eu para discutir?

Além do mais, eu entendo a relutância dela. Uma vez que você tem a imagem de alguém, é mais fácil deixá-lo lá. Ela já tinha me entendido. Definido. Capturado. Congelado em uma imagem três por quatro. Max encaixotado.

Caixas trazem uma ordem maravilhosa a nosso mundo. Elas impedem o cereal de derramar e os livros de caírem. No que diz respeito a conter coisas, caixas são mestres. Mas no que diz respeito a explicar as pessoas, elas falham. E no que diz respeito a definir Cristo, não há caixa que funcione.

Seus contemporâneos palestinos tentaram, veja bem. Eles criaram várias caixas. Mas ele nunca se encaixou em nenhuma. Eles o chamaram de revolucionário; ele pagava impostos. Eles o rotularam de carpinteiro do interior, mas ele confundia até os eruditos. Eles vinham ver seus milagres, mas ele se recusava a fazer a vontade deles. Ele desafiava definições simples. Ele era um judeu que atraía os gentios. Um rabino que desistiu das sinagogas. Um homem santo que andava com prostitutas e renegados. Em uma sociedade dominada pelos homens, ele recrutava mulheres. Em uma cultura antirromana, ele optou por não denunciar Roma. Ele falava como rei, mas vivia como peregrino. As pessoas tentavam rotulá-lo. Mas não conseguiam.

Nós ainda tentamos.

Meu amigo motorista de táxi no Brasil tinha uma pequena imagem de Jesus colada no painel de seu carro. Toda vez que ele precisava de uma vaga ou de um sinal verde, ele esfregava seu "Jesus faça-me-um-favor".

O pastor que ocupava o horário da meia-noite da televisão garantiu a mim e a outros espectadores de tarde da noite que a prosperidade estava a apenas uma prece de distância. É só pedir ao "Jesus me-dá-um-dinheiro".

Uma vez, eu reduzi Cristo a um punhado de doutrinas. Ele era uma receita, e eu tinha os ingredientes. Misture-os corretamente e o "Jesus-criado-por-mim" aparecia.

Políticos tiram versões de Jesus do tamanho de caixas, garantindo que Jesus certamente votaria verde, conservador; quase sempre, nunca; como um gavião, pombo ou águia. O "Jesus-da-minha-política" é muito útil durante as eleições.

Deuses do tamanho de caixas. Você os encontrará bem guardados por pessoas que preferem um Deus que eles podem administrar, controlar e prever. Essa vida louca requer uma deidade domada, não é? Em um mundo fora de controle, precisamos de um deus que possamos controlar, uma presença reconfortante que se assemelhe a um cachorro no colo ou o gato na cozinha. Chamamos e ele vem. Fazemos carinho e ele ronrona. *Se pudermos manter Deus em seu lugar...*

Pedro, Tiago e João devem ter tentado. De que outra forma você pode explicar essa expedição destruidora de caixas em que Jesus os levou?

> Seis dias depois, Jesus tomou consigo Pedro, Tiago e João, irmão de Tiago, e os levou, em particular, a um alto monte. Ali ele foi transfigurado diante deles. Sua face brilhou como o sol, e suas roupas se tornaram brancas como a luz. Naquele mesmo momento apareceram diante deles Moisés e Elias, conversando com Jesus. Então Pedro disse a Jesus: "Senhor, é bom estarmos aqui. Se quiseres, farei três tendas: uma para ti, uma para Moisés e outra para Elias." Enquanto ele ainda estava falando, uma nuvem resplandecente os envolveu, e dela saiu uma voz, que dizia: "Este é o meu Filho amado em quem me agrado. Ouçam-no!" Ouvindo isso, os discípulos prostraram-se com o rosto em terra e ficaram aterrorizados. Mas Jesus se aproximou, tocou neles e disse: "Levantem-se! Não tenham medo!" E erguendo eles os olhos, não viram mais ninguém a não ser Jesus (Mateus 17:1-8).

Os pontos altos das Escrituras parecem ocorrer nos pontos altos da terra. Abraão oferecendo Isaque no Monte Moriá. Moisés testemunhando o arbusto em chamas no Monte Sinai. Elias ascendendo ao céu do Horebe. Cristo redimindo a humanidade em um monte chamado Calvário. E Jesus se transfigurando no Monte Hermon.

Ninguém sabe ao certo, mas a maioria dos historiadores localiza esse evento em uma montanha de 2.800 metros chamada Monte Hermon. Ele se eleva sobre a paisagem de Israel, na verdade visível do mar Morto a 160 quilômetros de distância. Esse pico gigante e nevado era o lugar perfeito para Cristo se retirar com Pedro, Tiago e João. Longe das multidões clamando e das controvérsias desagradáveis, Jesus podia ter a atenção total de seus três amigos mais próximos. Juntos eles poderiam observar o azul-turquesa do mar da Galileia ou a grande planície, com alguns montes com videiras. Ali eles podiam orar. "Jesus tomou consigo a Pedro, João e Tiago e subiu a um monte para orar" (Lucas 9:28). Cristo precisava de força. Ele estava a apenas meses da cruz. As lanças dos soldados e o ódio da multidão o aguardavam. Ele precisava de força para enfrentá-los, e queria que seus seguidores vissem de onde ele a tirava.

Em algum ponto, enquanto orava, o gentil carpinteiro que comia pão ázimo e kebabs e falava com sotaque da Galileia irrompeu em uma figura cósmica de luz. "Ali ele foi transfigurado diante deles. Sua face brilhou como o sol, e suas roupas se tornaram brancas como a luz" (Mateus 17:2).

Saiu luz dele. Brilhante. Explosivo. Chocante. Saía luz de cada poro de sua pele e costura de seu manto. Jesus em chamas. Olhar para seu rosto era olhar diretamente para Alpha Centauri. Marcos quer que saibamos que as roupas de Jesus "se tornaram brancas, de um branco resplandecente, como nenhum lavandeiro no mundo seria capaz de branqueá-las" (Marcos 9:3).

Esse resplendor não era o trabalho de uma lavanderia; era apresença de Deus. As Escrituras habitualmente comparam Deus a luz e luz a santidade. "Deus é luz; nele não há treva alguma" (1 João 1:5). Deus "habita em luz inacessível" (1 Timóteo 6:16). O Cristo transfigurado, então, é Cristo em sua forma mais pura.

Também é Cristo na forma mais verdadeira, usando seus trajes pré-Belém e pós-ressurreição. Não "um galileu pálido, mas uma figura alta e furiosa que não será controlada".[1] Um que é "santo, inculpável, puro, separado dos pecadores" (Hebreus 7:26). Um diamante sem falhas, uma rosa sem mágoas, uma canção em tom perfeito, e um poema com rima impecável.

Rapidamente Pedro, Tiago e João eram mosquitos na sombra de uma águia. Eles nunca tinham visto Jesus desse jeito. Andar na água, multiplicar pães, falar com o vento, banir demônios e levantar os mortos, sim. Mas uma tocha humana? Aconteceu que Jesus estava apenas se aquecendo.

Dois visitantes apareceram: Moisés e Elias. Aquele que deu a Lei e o príncipe dos profetas passou pelo fino véu que separa a terra do paraíso. "Falavam sobre a partida de Jesus, que estava para se cumprir em Jerusalém" (Lucas 9:31).

Moisés e Elias, o Washington e Lincoln dos judeus. Seus retratos estavam expostos na entrada do Hall da Fama hebraico. E lá estavam eles, a resposta à oração de Jesus. Nós não esperamos que Pedro, Tiago e João repitam sua pergunta do mar da Galileia: "Quem é este?" (Mateus 8:27)? O guardião da lei e o mestre dos profetas respondendo ao chamado dele?

A essa altura Pedro limpou sua garganta para falar. O fogo na montanha se transformou em abobrinha. "Senhor, é bom estarmos aqui. Se quiseres, farei três tendas: uma para ti, uma para Moisés e outra para Elias" (Mateus 17:4).

Essas palavras podem parecer inofensivas para nós — e até mesmo uma boa ideia para alguns. Gostamos de imortalizar momentos com estátuas, placas ou monumentos. Pedro acha que esse momento merece uma construção especial e voluntários para fazerem parte do comitê. Boa ideia, certo?

Não pela perspectiva de Deus. A ideia de Pedro de três tendas era tão sem base e inapropriada que Deus nem ao menos lhe deixou terminar a frase. "Enquanto ele ainda estava falando, uma nuvem resplandecente os envolveu, e dela saiu uma voz, que dizia: 'Este é o meu Filho amado em quem me agrado. Ouçam-no!'" (Mateus 17:5).

Amado significa "sem preço", "único". Não há outro como Cristo. Nem Moisés. Nem Elias. Nem Pedro. Nem Zoroastro, Buda ou Maomé. Ninguém no céu ou na terra. Jesus, o Pai declarou, não é "um filho" ou mesmo "o melhor filho do mundo". Ele é o "filho amado".

Pedro não entendia isso. Ele colocou Cristo em uma caixa respeitável rotulada "grandes homens da história". Ele queria dar a Jesus *e* Moisés *e* Elias igual honra. Deus não permitiria isso. Cristo não tem contrapartes. Só uma tenda deveria ser construída, porque apenas uma pessoa na montanha merecia honras.

Pedro, Tiago e João não falaram mais. Não houve mais conversas sobre programas de construção. Sem discussões de basílicas, tendas, memoriais ou edificações. Eles eram tripulantes de um submarino chegando à Fossa das Marianas, astronautas pisando na superfície lunar. Eles viram o que ninguém tinha visto: Cristo em grandeza cósmica. Não há palavras para descrever tal momento. Eles ficaram pálidos. Os joelhos ficaram moles e o coração disparou. "Os discípulos prostraram-se com o rosto em terra e ficaram aterrorizados" (Mateus 17:6).

O fogo na montanha levou ao medo na montanha. Um medo sagrado e saudável. Pedro, Tiago e João experimentaram um terror fortificante, uma reverência estabilizadora ao único Deus. Eles encontraram a Pessoa que atirava estrelas ao céu como diamantes no veludo, que expulsava profetas em carruagens e deixou o faraó boiando no mar Vermelho.

Caiu fundo a ficha de que Deus estava, de uma só vez, em todos os lugares e ali. A mera visão do galileu resplandecente lhes tirou toda a arrogância, deixando-os apropriadamente prostrados. De cara no chão. "Os discípulos prostraram-se com o rosto em terra e ficaram aterrorizados" (Mateus 17:6).

Esse é o medo do Senhor. A maioria dos nossos medos são venenosos. Eles roubam o sono e saqueiam a paz. Mas esse medo é diferente. "De uma perspectiva bíblica, não há nada neurótico em se temer a Deus. O que é neurótico é *não* ter medo, ou ter medo da coisa errada. É por isso que Deus escolhe nos ser conhecido, de modo que possamos parar de temer a coisa errada. Quando Deus é totalmente revelado a nós e "cai nossa ficha", aí experimentamos a conversão do nosso medo... O "Medo do Senhor" é o reconhecimento profundamente são de que não somos Deus".[2]

Há quanto tempo você sente esse medo? Desde que o conhecimento de Cristo amoleceu seus joelhos e esvaziou seus pulmões? Desde que a visão dele o deixou sem fala e sem ar? Se tem algum tempo, isso explica os seus medos.

Quando Cristo é grande, nossos medos não o são.

À medida que o medo de Jesus se expande, os medos da vida diminuem. Um Deus grandioso se traduz em grande coragem. Uma pequena visão de Deus não gera coragem. Um Jesus fraco, débil e impotente não tem poder sobre células cancerosas, corrupção, roubo de identidades, quebras na bolsa de valores ou calamidades globais. Um Jesus dobrável e portátil pode caber em uma bolsa ou prateleira, mas não faz nada pelos seus medos.

Deve ser por isso que Jesus levou os discípulos para o alto da montanha. Ele viu a caixa em que eles o tinham confinado. Ele viu o futuro que o aguardava: a negação de Pedro, prisões de Jerusalém e Roma, as exigências da igreja, e as perseguições de Nero. Uma versão encaixotada de Deus simplesmente não bastaria. Então Jesus explodiu a caixa de seus preconceitos.

Que ele exploda a sua.

Nós não precisamos conhecer o Cristo transfigurado? Um que cospe fogo sagrado? Que convoca e comanda figuras históricas? Que ocupa o lugar mais elevado e usa a única verdadeira coroa do universo, o filho amado de Deus? E que leva os amigos para o topo do Monte Hermon para que eles possam enxergar o céu?

Suba nele. Olhe longamente e com vontade para o Fogo, o Fogo Sagrado, o Fogo mais Elevado, o Único Fogo. Quando você o fizer, todos os seus medos, exceto os do próprio Cristo, derreterão como cubos de gelo em uma calçada no verão. Você concordará com Davi: "O SENHOR é a minha luz e a minha salvação; de quem terei temor?" (Salmo 27:1).

No livro *Príncipe Caspian*, Lucy vê Aslan, o leão, pela primeira vez em muitos anos. Ele mudou desde o último encontro deles. O tamanho dele a surpreende, e ela lhe diz isso.

> — Aslan — disse Lucy —, você está maior.
>
> — Isso é porque você está mais velha, pequena — respondeu ele.
>
> — Não é porque você está?
>
> — Eu não estou. Mas todo ano que você crescer, você me encontrará maior.[3]

E assim é com Cristo. Quanto mais vivermos nele, maior ele se tornará em nós. Não é que ele mude, mas nós mudamos; o vemos mais. Vemos dimensões, aspectos, e características que nunca vimos antes, incrementos crescentes e surpreendentes de sua pureza, de seu poder e de sua unicidade. Descartamos caixas e antigas imagens de Cristo como lenços usados. Não ousamos pôr Jesus em um símbolo político. A certeza arrogante se torna curiosidade mansa. Definir Jesus com uma doutrina ou confiná-lo a uma opinião? De jeito nenhum. Mais fácil capturarmos o Caribe com uma rede de caçar borboletas do que capturarmos Cristo em uma caixa.

No fim respondemos como os apóstolos. Nós, também, caímos de cara e reverenciamos. E, quando o fazemos, a mão do carpinteiro se estende pelo fogo alto e nos toca. "Levantem-se! Não tenham medo!" (Mateus 17:7).

Aqui está meu palpite. Pedro, Tiago e João desceram da montanha queimados de sol e sorrindo, andando rapidamente, talvez até se exibindo um pouquinho. Com um messias como esse, quem poderia fazer mal a eles?

Aqui está meu outro palpite. O Monte Hermon ainda está resplandecente e tem espaço para hóspedes.

Conclusão

O salmo de William

Às 8h17 da noite de 3 de março de 1943, sirenes antibombas berraram no ar sobre Londres, Inglaterra. Trabalhadores e lojis--tas pararam nas calçadas e avenidas e examinaram os céus. Os ônibus pararam e esvaziaram. Motoristas frearam bruscamente e saíram de seus carros. Tiros podiam ser ouvidos a distância. Forças de artilharia antiaérea próximas lançaram uma salva de foguetes. Multidões nas ruas começaram a gritar. Algumas pessoas se atiraram no chão. Outros cobriram a cabeça e gritaram: "Estão lançando-as!" Todo mundo olhou para o alto procurando aviões inimigos. O fato de eles não terem visto nenhum não contribuiu em nada para diminuir a histeria.

As pessoas correram para a estação de metrô Bethnal Green, onde mais de quinhentos cidadãos já tinham se refugiado. Nos dez minutos seguintes, quinhentos mais se juntariam a eles.

O problema começou quando muitas pessoas buscando segurança chegaram à escada da entrada ao mesmo tempo. Uma mulher carregando um bebê tropeçou em um dos 19 degraus irregulares que desciam da rua. A queda dela interrompeu o fluxo de pessoas, causando um efeito dominó de pessoas tropeçando por cima dela. Em segundos, centenas de pessoas horrorizadas foram jogadas juntas, se empilhando como roupa suja em uma cesta. As coisas pioraram quando os que chegaram depois pensaram que estivessem sendo deliberadamente barrados (não estavam). Então eles começaram a empurrar. O caos durou menos de 15 minutos. O emaranhado de corpos ficou até meia-noite. No fim, 173 homens, mulheres e crianças morreram.

Nenhuma bomba havia sido jogada.

Bombardeios não mataram as pessoas. O medo as matou.[1]

O medo adora uma boa disparada. O pagamento do medo é o pânico cego, a inquietação infundada, noites sem dormir. O medo vem ganhando bem ultimamente.

Aqui está um teste. Até onde você consegue ir até ouvir o lembrete "Tenha medo"? Quão próximo está o seu próximo memorando "Você está em apuros"? Uma virada de página do jornal? Um giro do sintonizador do rádio? Uma olhada na atualização da internet no monitor do computador? De acordo com a mídia o mundo é um lugar apavorante.

E nós suspeitamos de uma campanha para mantê-lo assim. O medo vende. O medo mantém os espectadores colados em seus assentos, esvazia as prateleiras de revistas e enche de dinheiro os bolsos do sistema. Noticiários aprenderam a confiar em um glossário de expressões apavorantes para manterem nossa atenção: "A seguir, a verdade amedrontadora sobre ficar parado no trânsito." "O homem que deixou sua mulher comprar demais." "O que você pode fazer para evitar o medo." "O que você pode não saber sobre a água que você bebe."

Frank Furedi documentou o uso crescente do medo na mídia contando as vezes em que o termo *em risco* aparecia em jornais britânicos. Em 1994, o termo apareceu 2.037 vezes. Ao final do ano seguinte, o total tinha dobrado. Aumentou mais da metade em 1996. Durante o ano 2000, a expressão *em risco* foi impressa mais de 18 mil vezes.[2] Honestamente, o perigo mundial aumentou nove vezes em seis anos? Somos bombardeados com más notícias. Aquecimento global, ataque de asteroides, síndrome respiratória aguda grave (SARS), genocídios, guerras, terremotos, tsunamis, AIDS... Isso não acaba nunca? As más notícias estão cobrando seu preço. Somos a cultura mais preocupada da história. Pela primeira vez desde a Segunda Guerra Mundial, pais esperam uma vida da próxima geração pior do que a deles.[3]

Ainda que a expectativa de vida tenha dobrado e a pesquisa científica para doenças esteja a todo vapor, parece que a peste bubônica está devastando as ruas. O repórter Bob Garfield pesquisou artigos de saúde em grandes publicações e descobriu que, entre outras doenças,

- 59 milhões de norte-americanos têm doenças do coração,
- 53 milhões de norte-americanos têm enxaquecas,
- 25 milhões de norte-americanos têm osteoporose,
- 16 milhões sofrem com a obesidade,
- 3 milhões têm câncer,
- 2 milhões têm problemas cerebrais graves.

Conforme registrado, ao todo, 543 milhões de norte-americanos se consideram gravemente doentes — um número perturbador, já que existem 266 milhões de pessoas no país.

Como notou Garfield, "Ou somos uma sociedade amaldiçoada, ou alguém está contando dobrado".[4]

Existe uma corrente de medo por aí. Não sejamos aprisionados por ela. Estejamos entre aqueles que ficam calmos. Vamos reconhecer o medo, mas não nos deixemos apavorar. Vamos reconhecer as ameaças, mas recusemo-nos a ser definidos por elas. Deixe os outros respirarem o ar poluído da ansiedade, não nós. Vamos ficar entre os que ouvem uma voz diferente, a de Deus. Chega desses gritos de desespero, berros de mau agouro. Por que prestar atenção àquele que anuncia o juízo final na Wall Street ou ao fornecedor das sombras no jornal? Vamos inclinar nossos ouvidos em uma outra direção: para cima. Vamos nos virar para nosso Criador e, ao fazê-lo, temeremos menos.

A coragem não entra em pânico; ela ora. A coragem não lamenta; acredita. A coragem não se enfraquece; ouve. Ouve a voz de Deus chamando 366 vezes[5] nas Escrituras, uma para cada dia de um ano bissexto: "Não temam." Ouve a voz de Cristo confortando através dos corredores de hospital, cemitérios e zonas de guerra:

> Tenha bom ânimo, filho; os seus pecados estão perdoados. (Mateus 9:2)
>
> Coragem! Sou eu. Não tenham medo! (Mateus 14:27)
>
> Vocês ouvirão falar de guerras e rumores de guerras, mas não tenham medo. (Mateus 24:6)
>
> Não se perturbe o coração de vocês. (João 14:1)
>
> Não se perturbe o seu coração, nem tenham medo. (João 14:27)

Não tenham medo; vocês valem mais do que muitos pardais! (Lucas 12:7)

Seguiremos o fantástico exemplo de William Fariss que, com sete anos de idade, viu sua casa arder em chamas. Ele é o filho de tradutores pioneiros da Bíblia na África ocidental, um jovem brilhante com um interesse voraz em dinossauros e animais. Sua família morava em uma casa de telhado de latão coberto por uma camada de palha. Um dia, o vento levantou faíscas de um fogo próximo e elas deixaram o telhado de palha dos Fariss em chamas. A família tentou salvar a casa, mas não teve nenhuma chance com o ar seco e com o sol quente da África. Enquanto viam o fogo reduzir sua casa a cinzas e tijolos carbonizados, a mãe de William o ouviu orando. Ela notou que as palavras eram como um Salmo e, quando ela o ouviu repeti-las alguns dias depois, ela escreveu o que ele disse.

Através do vento e da chuva
Através do fogo e da lava
O Senhor nunca o abandonará.
Através de terremotos e enchentes
Através de aumentos no nível do mar e cinzas queimando
O Senhor nunca o abandonará.
Se você o amar, ele o abençoará
E ele lhe dará muitas coisas.

Quem pode parar o Senhor?
Quem pode alcançar uma chita pelas planícies da África?
O Senhor, ele pode.
Quem pode ficar no Monte Everest?

Quem pode enfrentar um rinoceronte?
O Senhor.
O Senhor pode lhe dar ovelhas e bodes e vacas e patos e galinhas e cachorros e gatos.
O Senhor pode lhe dar qualquer coisa que ele queira.

Quem pode parar o Senhor?
Quem pode enfrentar um elefante?
Quem é corajoso o bastante para enfrentar um leão?
O Senhor.
Quem é rápido como um cavalo?
Quem pode capturar uma baleia azul?
Quem é corajoso o bastante para enfrentar uma lula gigante?
O Senhor.
Assim como Jesus morreu na cruz,
O Senhor também o fez.
O Senhor nunca deixará seu povo.
A Bíblia é a palavra dele.
O Senhor é um bom líder.

O Senhor que ama você.
E ele não abandonará seu povo.
Fim.[6]

Embora as chamas fossem ameaçadoras, o menino viu Deus nas chamas. William confiou em Deus e temeu menos. Nós também o podemos.

Amém, William. E amém.

Guia de Discussão

Este guia de discussão pode ser usado por grupos ou por indivíduos que quiserem ganhar um melhor entendimento das ideias e princípios contidos no livro. Cada lição consiste em três partes:

- *Examinando o medo*, na qual você revisitará porções-chave do texto e poderá responder a algumas perguntas sugeridas pelas citações.
- *Expondo o medo*, na qual você passará algum tempo com algumas passagens selecionadas da Bíblia, ponderando o que Deus tem a dizer sobre o assunto.
- *Lutando contra o medo*, na qual uma ou duas sugestões serão feitas em relação a como aplicar as lições contidas naquele capítulo.

1

Por que temos medo?

Examinando o medo

1. "Imagine sua vida inteira intocada pela angústia. E se a fé, não o medo, fosse sua reação-padrão a ameaças? Se você pudesse pôr um ímã do medo sobre o seu coração e extrair cada pedaço de medo, insegurança e dúvida que ainda restasse nele? Imagine um dia, um dia ao menos, livre do medo do fracasso, da rejeição e da calamidade. Você consegue imaginar uma vida sem medo?"

   A. Tente responder às perguntas acima. Como sua vida seria diferente hoje se todo o medo fosse apagado do seu coração?

   B. A qual você tende mais — medo do fracasso, da rejeição ou da calamidade? O que isso indica sobre você?

2. "Embarcar com Cristo pode significar se molhar com Cristo. Os discípulos podem esperar mares violentos e ventos bravos."

   A. Por que embarcar com Cristo significa se molhar com Cristo? Por que não significa céus azuis e navegação clara?

   B. Por que tantos que creem *não* esperam mares violentos e ventos bravos? O que geralmente acontece a eles quando eles têm de aguentar tais condições? Como você lhes aconselharia?

3. "O medo corrói nossa confiança na bondade de Deus. Começamos a nos perguntar se o amor habita os céus."

   A. Como o medo corrói nossa confiança na bondade de Deus? Como ele o fez na sua vida?

   B. Quando foi a última vez em que você se perguntou se o amor habita os céus? Descreva as circunstâncias.

4. "Os temerosos não conseguem amar profundamente. O amor é arriscado. Eles não podem dar aos pobres. A benevolência não tem garantia de retorno. Os temerosos não podem sonhar livremente. E se seus sonhos pifarem e caírem do céu? A adoração da segurança enfraquece a grandeza."

   A. Por que o medo torna mais difícil amar? Por que o amor torna difícil dar generosamente? Como o medo sufoca nossos sonhos?

   B. Você já se pegou adorando a segurança? Se o fez, o que o motivou a isso? Como o medo enfraquece a grandeza? Como o medo lhe impediu de tentar algo grandioso?

5. "A frase que ele disse mais do que qualquer outra foi esta: não tenha medo."

   A. Por que Jesus disse essa frase mais do que qualquer outra? O que isso lhe diz sobre a natureza humana?

   B. Como você pode parar de ter medo? O que tira a emoção do medo?

Expondo o medo

1. Leia Mateus 8:23-27.

A. Que ligação Jesus faz entre o medo e a fé no versículo 26?

B. Reaja à seguinte declaração: "Se Jesus estiver no seu barco, pareça ele acordado ou dormindo, você não tem nada a temer."

2. Leia João 16:33.

A. Que promessa Jesus faz aqui sobre viver neste mundo?

B. O que Jesus oferece a seus seguidores? Em que é baseada essa oferta?

3. Leia 2 Timóteo 1:7.

A. Que tipo de espírito Deus *não* deu a seus filhos? O que isso quer dizer em relação à origem da maioria dos nossos medos?

B. Que tipo de espírito Deus *deu* a seus filhos? Que diferença isso deveria fazer para nós quando o medo nos atacar?

Lutando contra o medo

1. Analise seus medos desta última semana. A que eles diziam respeito? O que os causou? O que você fez com eles? Como você envolveu Deus ao enfrentá-los? Que padrões, se houver algum, você consegue detectar?

2. Por uma semana inteira medite em 2 Timóteo 1:7. Repita o versículo mentalmente quantas vezes você puder.

2

Os habitantes de Stiltsville — a cidade das estacas: *Medo de não ser importante*

Examinando o medo

1. "Nós temos importância? Tememos não ter. Tememos o nada, a insignificância. Tememos a evaporação."

   A. Você alguma vez temeu não ter importância para Deus? Explique.

   B. Como você luta com os sentimentos de insignificância?

2. "Junte-se a alguém especial e torne-se alguém especial, certo?"

   A. Quando você se sente mais tentado a se sentir especial mencionando uma ligação pessoal que você tem com alguém famoso ou admirado?

   B. Por que a tentativa de se tornar especial ao se ligar a alguém especial não lhe faz sentir-se nem um pouco melhor no final das contas?

3. "Quando na leitura apareceu a ideia de que eram especiais simplesmente porque foram feitos por um criador cheio de amor... todo mundo começou a chorar — incluindo seus professores! Foi fantástico."

   A. Como a ideia de que você foi feito por um criador cheio de amor o afeta? Você se sente especial por isso?

Explique.

B. As Escrituras dizem que você foi feito à imagem de Deus. O que isso significa para você? Se você não fosse feito à imagem de Deus, você agiria de forma diferente? Explique.

4. "O medo de que você seja um grande zero à esquerda se tornará uma profecia autoexecutável que arruinará sua vida."

A. Quando você se sente mais tentado a acreditar que é um zero à esquerda? Descreva a última vez em que você se sentiu assim.

B. Como o medo de que você seja um grande zero à esquerda se torna uma profecia autoexecutável? Por que ela arruinará sua vida? O que você pode fazer a respeito?

5. "'Você já é importante,' / ele explicou para a cidade. / 'Acredite em mim. Fique com os pés no chão'."

A. Você acredita que já é importante? Explique.

B. O que significa aqui "Fique com os pés no chão"? O que significaria para você fazer isso no seu mundo?

Expondo o medo

1. Leia Lucas 12:4-7.

A. De quem não devemos ter medo? Por que não?

B. De quem devemos ter medo? Por quê? Que tipo de medo é esse?

C. Que razão Jesus dá para não sucumbir ao medo (v. 7)?

2. Leia o Salmo 139:14-18, 23,24.

A. Que tipos de pensamentos Deus tem em relação a você? Quantos pensamentos ele tem de você?

B. Como os versículos 14 a 18 dão ao salmista a confiança para fazer esse pedido nos versículos 23 e 24?

3. Leia Efésios 2:10.

A. Por que Deus nos criou? Por que isso deve nos dar confiança?

B. Por que podemos nos sentir confiantes de que podemos ter o melhor plano de Deus para nós?

Lutando contra o medo

1. Medite sobre a crucificação de Cristo. O que a cruz diz sobre quanto você significa para Deus?

2. Imagine como seria a vida na terra se Deus *não* se importasse com homens e mulheres. O que você acha que seria diferente?

3

Deus está zangado comigo: *Medo de desapontar Deus*

Examinando o medo

1. "As memórias de passes perdidos demoram a ir embora. Criam um medo solitário, um medo de termos desapontado as pessoas, de termos decepcionado o time, de termos falhado. Um medo de que, quando precisaram de nós, não fizemos a nossa parte, de que os outros sofreram com as nossas trapalhadas".

   A. Que memória de um "passe perdido" o assombra mais?

   B. O que você geralmente faz quando tais pensamentos o atingem? Fica pensando neles? Fica zangado por causa deles? Ora por eles? Tenta esquecê-los?

2. "A bravura começa quando o problema do pecado está resolvido?"

   A. Como o pecado é uma decepção para Deus?

   B. Por que a bravura começaria com a resolução do problema do pecado? O que muitas vezes causa a falta de coragem?

3. "Adão e Eva fizeram o que fazem as pessoas que têm medo. Correram para se defender."

   A. Quando você decepciona Deus, como você corre para se defender no momento em que o medo vem?

B. Quando o medo o ataca, que opção é melhor do que correr? Por quê?

4. "Deus não mantém uma lista dos nossos erros. Seu amor expulsa o medo porque ele expulsa o nosso pecado!"

   A. Por que Deus não mantém uma lista dos nossos erros? Como isso o ajuda a lidar com o medo de desapontá-lo?

   B. Quando você se sente mais amado por Deus, o que acontece com os seus medos? Quando você se sente mais distante de Deus, o que acontece com os seus medos?

5. "Nada fomenta a coragem como um entendimento claro da graça. E nada fomenta o medo como uma ignorância da misericórdia."

   A. Como você descreveria a graça para alguém que nunca tivesse ouvido falar nela? Como você ilustraria a graça de sua própria vida?

   B. Como Deus lhe mostrou misericórdia? Onde você mais precisa da misericórdia dele em sua vida agora?

Expondo o medo

1. Leia Colossenses 1:13,14.

   A. Do que foram salvos os que creem em Cristo?

   B. Como os que creem foram redimidos? O que essa redenção acarreta?

2. Leia João 3:16-18, 36.

A. Por que Deus enviou seu Filho para o mundo? O que *não* era o objetivo do filho?

B. O que é verdadeiro sobre aqueles que acreditam no filho? O que é verdadeiro sobre aqueles que não acreditam no filho?

3. Leia João 6:37-40.

A. Por que Jesus desceu dos céus? Qual era o objetivo dele?

B. Qual é a vontade de Deus para os que acreditam em seu filho?

Lutando contra o medo

1. Examine as histórias das Escrituras dos personagens que desapontaram Deus: Pedro (Marcos 14:27-31, João 21:15-19); Davi (2 Samuel 11); a mulher samaritana (João 4:1-42). Como as histórias deles lhe dão esperança quando você desaponta Deus?

2. Busque alguém que você sabe que crê dedicada e entusiasmadamente em Cristo, e pergunte como ele (ou ela) lutou com o sentimento de desapontar Deus.

4

Aflição, vá embora: *Medo da escassez*

Examinando o medo

1. "O senhor Preocupado tem mais perguntas do que respostas, mais trabalho do que energia e muitas vezes pensa em desistir."

    A. De que maneiras Preocupado tem mais perguntas do que respostas? Que tipo de perguntas ele normalmente faz?

    B. Por que Preocupado muitas vezes pensa em desistir? Quando foi a última vez em que Preocupado lhe instigou a desistir? O que aconteceu?

2. "Escassezes e vazios habitam nossas trilhas. Falta de tempo, de sorte, de sabedoria, de inteligência. Tudo está acabando, parece, e assim nós nos preocupamos. Mas preocupar-se não adianta."

    A. O que está está chegando ao fim na sua vida a ponto de fazer com que você se preocupe?

    B. Por que preocupar-se não ajuda a lidar com essa falta? Se preocupar-se não adianta, por que nos preocupamos?

3. "A preocupação legítima se transformou em pânico tóxico. Eu ultrapassei um limite para o estado de aflição. Não mais na expectativa ou nos preparativos, eu me tornei membro da Fraternidade dos Aflitos."

A. Como você descreveria a aflição? Como ela difere da preocupação? Quão suscetível você é a afligir-se? O que mais o faz afligir-se?

B. Como você pode evitar ser membro da Fraternidade dos Aflitos?

4. "Jesus não condena a preocupação legítima com as responsabilidades mas a mentalidade contínua que dispensa a presença de Deus."

A. Onde você colocaria o limite entre a aflição e a preocupação legítima com as responsabilidades?

B. Como você sabe quando desenvolveu uma mentalidade contínua que dispensa a presença de Deus?

5. "Ao lado dos discípulos estava a solução para seus problemas... mas eles não recorreram a ela. Eles pararam a contagem no sete e se preocuparam."

A. Por que você pensa que os discípulos não se voltaram imediatamente a Jesus?

B. Por que você supõe que não nos voltamos a Jesus imediatamente quando nos deparamos com alguma escassez?

Expondo o medo

1. Leia Mateus 6:25-34.

A. Que razões Jesus dá nessa passagem para não nos preocuparmos?

B. O que devemos fazer em vez de nos preocuparmos com

a falta das coisas? Como isso funciona na prática?

2. Leia João 6:1-13.

   A. De que os discípulos enfrentaram a escassez? Como eles reagiram a isso? Como Jesus usou isso para expandir a visão espiritual deles?

   B. Como o versículo 6 afeta sua compreensão dessa passagem? O que ele diz sobre as escassezes reais que você enfrenta?

3. Leia João 15:7.

   A. O que significa permanecer em Jesus?

   B. O que significa as palavras de Jesus permanecerem em você?

   C. Que promessa Jesus faz nessa passagem para aqueles que seguem seus comandos? Como o contexto afeta a sua compreensão dessa promessa?

Lutando contra o medo

Se você quiser lutar contra o seu medo da falta e preferir gozar de uma profunda sensação de *paz*, então por ao menos uma semana experimente o seguinte regime:

1. Primeiro ore (1 Pedro 5:7).
2. Espere um pouco, desacelere (Salmo 37:7).
3. Aja a respeito (Mateus 25:14-28).
4. Compile uma lista de preocupações (Lucas 10:41).
5. Enumeradas as categorias de preocupação, analise-as (Mateus 6:25-27).

6. Foco no presente (Mateus 6:34; Hebreus 4:16).
7. Una forças com seus entes queridos (1 Tessalonicenses 5:25).
8. Lute para que Deus seja suficiente (Mateus 6:28-33).

5

Meu filho está em perigo: *Medo de não proteger meus filhos*

Examinando o medo

1. "O caminhão da paternidade vem carregado de medos. Tememos falhar com a criança, esquecer a criança. Teremos dinheiro suficiente? Respostas suficientes? Fraldas suficientes? Espaço suficiente nas gavetas? ... Isso basta para manter um pai acordado à noite."

   A. Se você é pai, o que mais lhe preocupa a respeito de cuidar dos seus filhos?

   B. Como você tende a lidar com os seus medos em relação a seus filhos?

2. "Nota para todos os pais em pânico: Jesus está atento às preocupações nos corações dos pais."

   A. De que exemplos de Jesus interagindo com pais como filhos você se lembra? Como ele os tratou? O que isso lhe diz sobre o coração dele para você e seus filhos?

   B. Em que áreas em relação a lidar com seus filhos você precisa mais da ajuda de Jesus neste momento?

3. "Sábios são os pais que regularmente tornam seus filhos a Deus."

   A. O que significa dar seus filhos de volta a Deus? Você já fez isso? Explique.

B. Por que é necessário regularmente dar seus filhos de volta a Deus? Em que situações você se sente tentado a recusar dar seus filhos de volta para Deus?

4. "A oração é o prato onde os medos de pai são postos para esfriar."

A. Como a oração esfria os medos dos pais?

B. Como você descreveria sua vida de oração em relação a seus filhos?

5. "O horror chamava de um lado. A esperança compelia do outro. Tragédia, e então confiança. Jairo ouviu duas vozes e teve de escolher a qual ele prestaria atenção. Nós todos não fazemos isso?"

A. Descreva uma situação com seus filhos em que você esteja ouvindo duas vozes antagônicas neste momento.

B. Como você pode se preparar para ouvir consistentemente a voz de Jesus em vez de outras vozes que o chamam para o medo?

Expondo o medo

1. Leia Lucas 8:40-56.

A. Que desafios estavam impedindo Jairo de receber ajuda de Jesus?

B. Como essa passagem mostra que a demora em receber uma resposta a uma prece desesperada não significa necessariamente um não?

2. Leia Romanos 8:31,32.

   A. De que maneira saber se Deus é bom para você muda as coisas?

   B. Que prova o apóstolo Paulo oferece para mostrar que Deus está mais do que disposto a lhe dar o que você precisa?

3. Leia Gênesis 22:1-18; Hebreus 11:19.

   A. O que você acha do teste de Deus com Abraão? Como você acha que ele testa você em relação a seus filhos?

   B. Que convicção permitiu que Abraão passasse sem dificuldade nesse teste difícil (veja Hebreus 11:19)? Você deposita toda essa fé nas promessas de Deus? Explique.

Lutando contra o medo

Escolha pelo menos duas das seguintes promessas das Escrituras e as memorize, repetindo-as para você mesmo todo dia por um mês. Note o que isso faz com o seu nível de medo em relação a seus filhos. Passagens: Deuteronômio 4:40; 5:29; 30:19; Salmo 37:25; Provérbios 20:7; Atos 2:38,39.

6

Estou afundando rapidamente: *Medo de desafios arrebatadores*

Examinando o medo

1. "Mas é nos temporais que ele faz seu melhor trabalho, pois é nos temporais que ele tem mais atenção de nossa parte."

   A. Que temporais você já encontrou na vida?

   B. Descreva como você viu Jesus em um temporal.

2. "Se Cristo tivesse passeado em um lago que estivesse manso como uma pedra, Pedro teria aplaudido, mas duvido que tivesse saído do barco. Tempestades nos fazem trilhar caminhos que nunca trilhamos."

   A. Você acha que Pedro teria saído do barco se a água estivesse mansa como uma pedra? Explique.

   B. Que caminho nunca trilhado alguma tempestade lhe fez trilhar?

3. "Não devemos ficar alheios aos desafios arrebatadores que a vida traz. Devemos contrabalançá-los com longos olhares para as conquistas de Deus... Faça o que for necessário para manter o seu foco em Jesus."

   A. Que desafios arrebatadores se apresentam a você neste momento?

B. Descreva algumas das maiores conquistas de Deus na sua vida durante o último ano.

C. O que é necessário para você manter o seu foco em Jesus?

4. "Alimente os seus medos, e a sua fé morrerá de fome. Alimente a sua fé, e os seus medos morrerão de fome."

A. Como você tende a alimentar os seus medos? O que isso faz com a sua fé?

B. Como você alimenta a sua fé? O que acontece quando você o faz?

C. O que lhe impede de alimentar a sua fé?

5. "Jesus poderia ter acalmado a sua tempestade há muito tempo também. Mas não o fez. Será que ele também quer lhe ensinar uma lição? Será que essa lição poderia ser algo do tipo 'Tempestades não são uma opção, mas o medo é'?"

A. Como uma tempestade aprofundou a sua caminhada com Cristo?

B. Qual é o objetivo dessas tempestades?

Expondo o medo

1. Leia Mateus 14:22-33.

A. Quantas vezes alguma forma de medo é mencionada nessa passagem?

B. Como Jesus respondeu a cada um desses medos?

2. Leia Mateus 28:18-20.

   A. Como Jesus descreve sua posição no versículo 18? Como isso deveria nos ajudar a lutar contra nosso medo?

   B. Que promessa Jesus faz no versículo 20? Como isso deveria nos ajudar a lutar contra nosso medo?

3. Leia Romanos 8:35-39.

   A. O que em relação ao amor de Cristo deve nos ajudar a lutar contra nossos medos?

   B. Como podemos nos tornar vitoriosos, "mais que vencedores", mesmo enfrentando circunstâncias arrebatadoras?

Lutando contra o medo

Escolha uma ação a tomar esta semana para lhe ajudar a se armar na luta contra o medo.

- Memorize as Escrituras.
- Leia biografias de grandes vidas.
- Pondere os testemunhos de cristãos fiéis.
- Tome a decisão deliberada de depositar sua esperança nele.

7

Tem um dragão no meu armário: *Medo das piores hipóteses*

Examinando o medo

1. "Qual é o seu pior medo? O medo de fracasso público, desemprego, ou de altura? O medo de que você nunca vai encontrar a pessoa certa ou ter saúde? Medo de ficar preso, ser abandonado ou esquecido?"

   A. Responda à pergunta acima.

   B. Descreva sua reação física e emocional a esse medo.

2. "Quantas pessoas passam a vida toda na beira da piscina? Consultando a cautela; ignorando a fé; nunca dando o mergulho... Pelo medo do pior, elas nunca aproveitam a vida ao máximo."

   A. Em que áreas da vida você vem ficando na beira da piscina? Por quê?

   B. Que coisas boas da vida seu medo lhe impediu de aproveitar?

   C. Cite uma área de sua vida em que você gostaria de dar o mergulho.

3. "Deus liberaria sua ira que odiava o pecado no Filho coberto de pecado. E Jesus tinha medo. Muito medo. E o que ele fez com seu medo nos mostra o que fazer com o nosso. Ele orou."

A. Por que Deus odeia tanto o pecado? Por que Deus liberou sua ira no filho coberto de pecado? Como Jesus ficou coberto pelo pecado?

B. Que tipo de oração luta de modo mais eficiente contra o medo? Como Jesus exemplificou esse tipo de oração?

4. "Por que imaginar o pior? Como discípulos de Deus, você e eu temos uma grande vantagem. Sabemos que tudo vai ficar bem."

A. Qual a pior das hipóteses que você já encontrou na sua vida até hoje? Qual foi sua consequência? De que maneiras você viu Deus agir no meio dela?

B. Como os seguidores de Jesus sabem que tudo vai ficar bem? Como esse conhecimento nos ajuda no aqui e agora?

5. "Será que nós ousamos acreditar no que a Bíblia ensina? Que nenhum desastre é definitivamente fatal?"

A. Que passagens da Bíblia lhe dizem que nenhum desastre é definitivamente fatal? Liste alguns.

B. Seu comportamento é adequado a sua crença? Explique.

Expondo o medo

1. Leia Marcos 14:32-42.

A. Qual seria a pior coisa que Cristo enfrentaria? O que lhe deixou tão aflito?

B. Como ele reagiu a isso?

2. Leia Hebreus 5:5-9.

A. Como o versículo 7 descreve a experiência de Jesus na terra?

B. Por que até mesmo Jesus teve que aprender a obediência (v. 8)? O que isso sugere em relação a nós lutarmos contra o medo?

3. Leia 2 Timóteo 4:14-18.

A. Que circunstâncias adversas causaram apuros reais a Paulo? Como ele reagiu a elas?

B. Como o próprio Senhor reagiu aos apuros de Paulo? O que isso sugere em relação à maneira como ele reagirá aos seus apuros?

Lutando contra o medo

1. Embora seja desconfortável, puxe as cortinas e exponha seus medos, cada um deles. Quando você os examina à luz do sol, o que acontece?
2. Avalie seriamente sua conexão a uma igreja local saudável e seu envolvimento com ela. Reconheça que "uma igreja saudável é onde nossos medos vão para morrer. Nós os perfuramos com as Escrituras, salmos de celebração e lamentações. Nós os derretemos à luz do sol da confissão. Nós os extinguimos com a cachoeira da adoração, escolhendo olhar para Deus, não para nossos medos."

8

Este planeta brutal: *Medo da violência*

Examinando o medo

1. "Contrariamente ao que esperaríamos, pessoas boas não estão livres da violência."

   A. Que tipo de violência você já experimentou neste mundo?

   B. Por que você acha que pessoas boas não estão livres da violência?

2. "Aquele que sustenta os mundos, com uma palavra controla o tráfego demoníaco da mesma maneira."

   A. Por que é importante saber que Deus sustenta os mundos com uma palavra?

   B. Como Deus controla o tráfego demoníaco sem participar de seus feitos maléficos?

3. "A coragem emerge, não da segurança policial aumentada, mas da maturidade espiritual intensificada."

   A. Como a maturidade espiritual intensificada desenvolve a coragem?

   B. Quanta coragem você acha que tem? O que isso diz sobre o seu nível de maturidade espiritual?

4. "Satanás não pode lhe alcançar sem passar por ele [Deus]."

A. Conforta-lhe saber que Satanás não pode lhe alcançar sem passar por Deus? Explique.

B. Por que você acha que Deus às vezes deixa Satanás lhe alcançar? Qual é o objetivo de Deus?

5. "O melhor do céu pegou o pior do inferno e o transformou em esperança."

A. Descreva "o melhor do céu" e "o pior do inferno". Por que era inevitável que o melhor do céu triunfasse?

B. Como o melhor do céu transformou o pior do céu em esperança? Como essa esperança lhe afeta pessoalmente? Explique.

Expondo o medo

1. Leia Gênesis 50:15-21.

A. Que tipo de violência os irmãos de José tinham cometido com ele (veja Gênesis 37:11-28)?

B. Como José interpretou essa violência (v. 20)? Como ele tentou minimizar os medos de seus irmãos? Que lição está aqui para nós?

2. Leia Daniel 3:1-29.

A. Por que Sadraque, Mesaque e Abede-Nego foram ameaçados com violência?

B. De acordo com os versículos 17 e 18, que posição eles tomaram? O que aconteceu a eles? Como resultado, como Nabucodonosor reagiu?

3. Leia Hebreus 11:35b-40.

A. Que tipo de violência foi dirigida contra as pessoas de fé conforme descrito nessa passagem?

B. Que promessa lhes impediu de passar por todos seus problemas? Como essa promessa deve nos impedir também?

Lutando contra o medo

O próprio Jesus sofreu tremendamente nas mãos de homens violentos. Memorize Hebreus 12:2,3. Como Jesus aguentou a cruz? Tire um tempo especial para meditar no que ele fez para que você não fique cansado nem desanimado em sua própria caminhada de fé.

9

Dinheiro de faz de conta: *Medo do próximo inverno*

Examinando o medo

1. "Seu erro não foi o fato de ter planejado, mas o fato de que seus planos não incluíam Deus. Jesus criticou não a riqueza do homem mas sua arrogância; não a presença de objetivos pessoais mas a ausência de Deus nesses objetivos."

   A. Como você inclui Deus em seu planejamento financeiro?

   B. O que tende a acontecer a objetivos pessoais separados de Deus e de sua perspectiva?

2. "A mensagem ressonante e recorrente das Escrituras é clara: Deus tudo possui. Deus tudo compartilha. Confie nele, não em coisas!"

   A. Por que é importante lembrar que Deus tudo possui? O que tende a acontecer quando nos esquecemos dessa verdade?

   B. Quando você pode dizer que começou a confiar no dinheiro mais do que em Deus? Quais são alguns sinais denunciadores?

3. "A abundância de posses consegue ofuscar Deus, não importa quão poucas sejam essas posses. Existe uma progressão previsível da pobreza para o orgulho."

   A. Por que a abundância de posses tende a ofuscar Deus?

   B. Como a riqueza muitas vezes leva ao orgulho?

C. Pode uma pessoa pobre também ser viciada em dinheiro? Explique.

4. "Aqueles que confiam no dinheiro são tolos. Estão se preparando para serem enganados e abandonados em uma enxurrada de infelicidade."

A. De que maneiras confiamos no dinheiro? Como o amor ao dinheiro engana as pessoas?

B. Por que confiar no dinheiro sempre leva a uma enxurrada de infelicidade?

5. "[...] substitua o medo do próximo inverno pela fé no Deus vivo. Afinal de contas, é tudo dinheiro de Banco Imobiliário. Tudo volta para a caixa quando o jogo acaba."

A. Quanto você teme o próximo inverno? Como você pode reduzir esses medos?

B. Pensar no dinheiro real como dinheiro de Banco Imobiliário lhe ajuda? Por que ou por que não?

Expondo o medo

1. Leia Lucas 12:16-21.

A. Por que Deus chamou o homem de tolo nessa história?

B. O que significa ser rico perante Deus? Você tem esse tipo de riqueza? Explique.

2. Leia 1 Timóteo 6:6-10, 17-19.

A. Que tipo de contentamento é descrito nos versículos 6-8? Como se pode gozar desse tipo de contentamento?

B. Por que Paulo condena o desejo de ser rico? O que há de errado com o amor ao dinheiro?

C. Que instruções Paulo dá aos ricos nos versículos 17-19? Que promessas ele lhes faz?

3. Leia Provérbios 23:4,5.

A. Que atitude os que creem devem cultivar em relação às riquezas?

B. Por que os que creem não devem se concentrar em enriquecer?

4. Leia Marcos 12:41-44.

A. Por que é significativo que Jesus tenha observado as pessoas botarem dinheiro nas caixas de ofertas do templo? O que isso significa para nós?

B. Por que Jesus destaca a viúva para louvar? Que lição ela deve nos ensinar?

Lutando contra o medo

1. Independentemente de sua situação financeira, dê generosamente esta semana — mais do que você realmente pode — a algum grupo ou indivíduo que promova a causa de Cristo. Escreva em um diário como sua doação afeta a você e aos que vivem com você.
3. Estabeleça uma data com um planejador financeiro para avaliar como você usa o dinheiro que Deus lhe deu.

10

Morto de medo:
Medo dos momentos finais da vida

Examinando o medo

1. "E se o cemitério não for o domínio da Morte mas o domínio do Guardião das Almas, que um dia anunciará: "Vocês, que voltaram ao pó, acordem e cantem de alegria" (Isaías 26:19)?"

   A. Como você responderia à pergunta acima?

   B. Descreva sua atitude em relação à sua própria morte.

2. "Ele [Jesus] prometeu não só um pós-vida, mas uma vida melhor."

   A. Como você descreveria a vida melhor que Jesus prometeu a seus seguidores?

   B. Quanto dessa vida melhor você está experimentando?

3. "Jesus eleva os enterros ao mesmo nível de esperança dos casamentos. De sua perspectiva, a viagem para o cemitério e a caminhada até o altar produzem animação idêntica."

   A. Por que os enterros dão aos cristãos tanta esperança quanto os casamentos?

   B. Você pode dizer que está animado em relação à sua própria morte? Explique.

4. "Vamos deixar a ressurreição entrar nas fibras de nossos corações e definirem o modo como olhamos para a sepultura."

A. Como a atitude de uma pessoa em relação à morte revela aquilo em que ela realmente acredita em relação à ressurreição?

B. Quais são algumas maneiras práticas para você deixar a ressurreição entrar nas fibras de seu coração?

5. "A morte — 'uma nova aventura na existência'. Não precisa temê-la ou ignorá-la. Graças a Cristo, você pode enfrentá-la."

A. Descreva alguém que você conhece que tenha medo da morte.

B. Descreva alguém que você conhece que tenta ignorar a morte.

C. Como você pode enfrentar a morte através de sua fé em Cristo?

Expondo o medo

1. Leia João 14:1-3.

A. O que Jesus manda fazer no versículo 1?

B. Que promessas ele faz nos versículos 2 e 3? Como essas promessas devem diminuir nosso medo?

2. Leia 1 Coríntios 15:20-27.

A. Como essa passagem vê a morte?

B. Como essa passagem pode acalmar o nosso medo da morte?

3. Leia Hebreus 2:14,15.

A. Quem tinha o poder da morte? Como Jesus destruiu tanto a ele como a seu poder?

B. Como podemos ser libertados de um medo da morte? De que modo esse medo é um tipo de prisão?

Lutando contra o medo

Pegue um exemplar do livro *Love Is Stronger Than Death [O amor é mais forte do que a morte]*, de Peter Kreeft, e/ou de *Last Words of Saints and Sinners [As últimas palavras de santos e pecadores]*, de Herbert Lockyer. Que diferença faz uma fé vibrante em Cristo quando a morte chama?

11

Vida cafeinada: *medo do que vem por aí*

Examinando o medo

1. "Ah, se pudéssemos encomendar a vida como encomendamos café! Você não adoraria misturar e combinar os ingredientes do seu futuro?"

   A. Responda à pergunta acima.

   B. Se você pudesse misturar e combinar os ingredientes do seu futuro, como o seu futuro seria?

2. "Quando você põe sua fé em Cristo, Cristo põe seu Espírito antes de você, atrás e dentro de você. Não um espírito estranho, mas o *mesmo* Espírito... Tudo que Jesus fez por seus seguidores, o Espírito dele faz por você."

   A. Descreva como você confia no Espírito de Cristo em sua caminhada diária de fé.

   B. Por que é importante saber que o Espírito Santo age em sua vida exatamente como Cristo o faria?

3. "A mudança não é só parte da vida; a mudança é uma parte necessária da estratégia de Deus. Para nos usar para mudar o mundo, ele altera nossas incumbências."

   A. Por que a mudança é uma parte necessária da estratégia de Deus?

B. Como Deus alterou suas incumbências? Como ele pode estar alterando-as agora mesmo?

4. "O que não faz sentido nesta vida vai fazer todo o sentido na próxima."

A. Ajuda-lhe saber que o que não faz sentido nesta vida vai fazer todo o sentido na próxima? Explique.

B. Que coisas em sua vida agora não fazem sentido? Como você pode seguir em frente sem poder fazer com que elas façam sentido agora mesmo?

5. "Se partirmos do princípio de que este mundo existe apenas para felicidade pré-sepultura, essas atrocidades não se qualificam como tal. Mas, e se esta terra for o útero? Será que esses desafios, por mais severos que possam ser, servem para nos preparar para o mundo que virá?"

A. De que modo pode esta terra ser um útero? Você acha que ela é? Explique.

B. Como alguns dos seus próprios desafios talvez lhe tenham preparado para o mundo que virá?

Expondo o medo

1. Leia João 14:16-18, 26,27.

A. Que promessas Jesus nos faz nos versículos 16-18? Como essas promessas nos ajudam a lutar contra o medo do que virá?

B. Qual é a ligação vital entre os versículos 26 e 27? Como a paz de Jesus depende do trabalho do Espírito? Como o Espírito está agindo em sua vida?

2. Leia Eclesiastes 3:1-8.

A. Liste os tempos pelos quais todo mundo vai ter que passar, de acordo com essa passagem.

B. Como saber de antemão que enfrentaremos tais tempos ajuda a diminuir nossos medos em relação ao amanhã?

3. Leia 2 Coríntios 5:17.

A. Como Paulo descreve uma pessoa "em Cristo"?

B. Qual é o resultado de estar "em Cristo"? Como isso ajuda a lutar contra o medo?

Lutando contra o medo

1. Liste os maiores medos que você já teve nos últimos cinco anos. Quantos deles chegaram a acontecer? O que você desperdiçou ao se preocupar com nada?

2. Escreva uma ou duas páginas sobre como as dificuldades e problemas deste mundo podem, na verdade, estar lhe preparando para o mundo que virá.

12

A sombra da dúvida: *Medo de que Deus não exista*

Examinando o medo

1. "Ao rever meu sermão à luz de um abajur, a mensagem da ressurreição pareceu mítica, mais parecida com uma lenda urbana do que com a verdade do evangelho... Eu quase chegava a esperar o Chapeleiro Louco ou os sete anões saírem de um buraco ao virar a página."

   A. Descreva um momento em que você duvidou de que a mensagem da ressurreição fosse verdadeira.

   B. O que parece mais inacreditável em relação à mensagem da ressurreição?

2. "Aqueles que duvidam periodicamente de Cristo, tomem nota e criem coragem. Os apóstolos também tiveram dúvidas. Mas Cristo se recusou a deixá-los a sós com suas perguntas."

   A. Sob que circunstâncias você tem mais probabilidade de duvidar periodicamente de Cristo?

   B. Como Cristo lhe ajudou a lidar com suas dúvidas ocasionais?

3. "O que Jesus nos faria fazer com as nossas dúvidas? Sua resposta? Toque no meu corpo e pondere sobre minha história."

   A. Como você normalmente reage às suas dúvidas?

B. Como você pode tocar o corpo de Jesus e ponderar sobre sua história? Como isso ajuda a combater as dúvidas?

4. "Cristo distribui coragem pela comunidade; dissipa as dúvidas pela comunhão. Ele nunca deposita todo o conhecimento em uma pessoa, mas distribui pedaços do quebra-cabeças a muitas."

A. Como Cristo distribui coragem pela comunidade e dissipa as dúvidas pela comunhão?

B. Você é ativo em uma igreja local? De que maneiras você serve e recebe ajuda lá?

5. "O que levou C.S. Lewis, um ateu talentoso, brilhante, linha dura, a seguir Cristo? Simples. Ele tocou o corpo de Cristo, seus seguidores, e, em sintonia com sua história, as Escrituras."

A. Como o envolvimento regular com seguidores de Cristo lhe ajuda a seguir a Cristo de uma melhor maneira?

B. Como uma interação regular com a Bíblia lhe ajuda a crescer em sua fé? Como isso lhe ajuda a lutar contra o medo?

Expondo o medo

1. Leia Lucas 24:13-35.

A. Por que você supõe que Jesus fingiu não saber sobre o que os dois homens estavam conversando?

B. O que esses dois homens citaram como a razão mais convincente para que eles recuperassem sua esperança em Jesus (v. 32)? O que lhe ajuda a recuperar sua fé em Jesus no meio das dúvidas?

2. Leia João 20:24-29.

A. Por que Tomé não acreditou inicialmente em seus companheiros discípulos quando eles lhe disseram que tinham visto o Senhor?

B. Como Tomé veio a acreditar novamente?

C. Por que Jesus chama de "felizes" os que não viram, mas creram?

3. Leia Romanos 10:17.

A. Como a fé vem, de acordo com essa passagem?

B. O que isso quer dizer em relação à leitura regular e ao estudo da Bíblia?

Lutando contra o medo

Como escreve Max, "Da próxima vez em que as sombras vierem, imerja-se nas histórias antigas de Moisés, nas preces de Davi, nos testemunhos dos evangelhos e nas epístolas de Paulo. Reúna-se com outras pessoas que buscam e faça caminhadas diárias a Emaús." Esta semana: (1) imerja-se nas grandes histórias da Bíblia que demonstram o poder e amor de Deus. (2) Envolva-se profundamente com outros que creiam e busquem glorificar a Deus.

13

E se as coisas piorarem?
Medo das calamidades globais

Examinando o medo

1. "A vida é uma empreitada perigosa. Passamos nossos dias nas sombras de realidades agourentas. O poder de aniquilar a humanidade foi, parece, colocado nas mãos de pessoas que estão felizes em fazê-lo."

   A. Que realidades agourentas têm mais poder de amedrontá-lo?

   B. Como você acha que se sentiria se uma bomba nuclear explodisse em alguma parte de seu país?

2. "Como se Jesus tivesse aconselhado os discípulos: 'Não deem ataque quando coisas ruins acontecerem'."

   A. Você tem um plano de ação pessoal para lidar com as coisas ruins? Explique.

   B. O que você aprendeu ao observar a maneira como os outros lidam com as dificuldades?

3. "Falsos profetas sempre minimizam o papel de Cristo e maximizam o papel da humanidade... Atenha-se a uma pergunta — essa pessoa está direcionando os ouvintes para Jesus? Se a resposta for sim, seja grato e ore por esse indivíduo. Se a resposta for não, saia enquanto pode."

A. Por que falsos profetas inevitavelmente afastam as pessoas de Jesus? Para onde eles geralmente dirigem a atenção dos outros?

B. Quão bem você conhece Jesus? Você saberia dizer se alguém estivesse pintando uma falsa imagem dele? Explique.

4. "Todas as coisas, grandes ou pequenas, vêm do propósito de Deus e servem à sua boa vontade. Quando o mundo parece fora de controle, ele não está."

A. Como coisas ruins podem servir à boa vontade de Deus? Descreva um momento em sua vida em que coisas ruins tenham servido à boa vontade de Deus.

B. Como você geralmente reage quando seu mundo parece estar fora de controle? Como você se aconselharia em tais momentos?

5. "Tudo vai dar certo no fim. Se ainda não deu certo, ainda não é o fim."

A. Você concorda com a declaração acima? Por que ou por que não?

B. Como essa declaração traz conforto e alivia o medo?

Expondo o medo

1. Leia Mateus 24:4-14.

A. Quantas vezes alguma forma de engano é mencionada nesta passagem?

B. O que isso diz a respeito de conhecer a sã doutrina como uma ferramenta contra o medo?

2. Leia o Salmo 46:1-11.

A. Que tipo de medo os versículos 2,3 e 6 mencionam? Como o salmista neutraliza esses medos?

B. Como os versículos 8-11 acalmam nossos medos de grandes catástrofes?

3. Leia o Salmo 27:1-10.

A. Que tipos de desastres causados pelo homem são mencionados nos versículos 1-3? Como o salmista responde a eles?

B. Que confiança o salmista expressa nos versículos 5-10? Como ele adquiriu essa confiança? O que podemos aprender de sua experiência?

4. Leia Apocalipse 2:10.

A. Que tipo de sofrimento é prometido a alguns fiéis?

B. Como esses fiéis enfrentam seu medo de tais sofrimentos?

C. O que Deus promete àqueles que enfrentam seu medo e permanecem fortes em Cristo?

Lutando contra o medo

Escreva a seguinte declaração e ponha-a em um lugar de destaque que você verá sempre (na sua geladeira, no seu carro, na mesa do seu trabalho etc.): "Tudo vai dar certo no fim. Se ainda não deu certo, ainda não é o fim."

14

O único terror saudável: *Medo de Deus sair da minha caixa*

Examinando o medo

1. "E no que diz respeito a definir Cristo, não há caixa que funcione."

   A. Em que caixas você já tentou pôr Cristo?

   B. Por que é impossível pôr Cristo em uma caixa?

2. "O Cristo transfigurado, então, é Cristo em sua forma mais pura. Também é Cristo na forma mais verdadeira, usando seus trajes pré-Belém e pós-ressurreição."

   A. Por que o Cristo transfigurado é "Cristo em sua forma mais pura"?

   B. Como uma imagem mental do Cristo transfigurado pode mudar a maneira como você reage à adversidade?

3. "Cristo não tem contrapartes. Só uma tenda deveria ser construída, porque apenas uma pessoa na montanha merecia honras."

   A. Você acredita que Jesus não tem contrapartes? Explique.

   B. Cite outra ocasião em que Deus enfatizou que Cristo deve ser honrado acima dos outros.

4. "O fogo na montanha levou ao medo na montanha. Um

medo sagrado e saudável. Pedro, Tiago e João experimentaram um terror fortificante, uma reverência estabilizadora ao único Deus."

A. Que tipo de terror pode lhe fortalecer em sua fé? Como uma reverência real a Deus pode lhe dar estabilidade em tempos de incerteza e medo?

B. Que pessoa do Antigo Testamento também experimentou o fogo na montanha? Como isso afetou sua visão de Deus? Como isso mudou sua vida?

5. "Há quanto tempo você sente esse medo? Desde que o conhecimento de Cristo amoleceu seus joelhos e esvaziou seus pulmões? Desde que a visão dele o deixou sem fala e sem ar? Se tem algum tempo, isso explica os seus medos. Quando Cristo é grande, nossos medos não o são."

A. Responda às perguntas acima.

B. Como uma visão de um grande Cristo diminui nossos medos?

Expondo o medo

1. Leia Mateus 17:1-8.

A. Por que você acha que Jesus queria que seus três amigos mais próximos o vissem transfigurado pouco antes de sua morte?

B. Como o medo pode ser ao mesmo tempo saudável e sagrado? De onde vem esse tipo de medo? O que Jesus quis dizer quando disse aos discípulos para não temerem?

2. Leia 1 Timóteo 6:13-16.

A. O que significa para você saber que Deus habita em luz inacessível?

B. Que impressão você acha que os versículos 15 e 16 devem ter sobre nossa mente? Que tipo de medo essa imagem gera, e por que razão?

3. Leia 2 Pedro 1:16-19.

A. Que impressão a transfiguração teve em Pedro?

B. Que aplicação Pedro faz no versículo 19? Como sua orientação pode nos levar a um medo sagrado, saudável e útil?

Lutando contra o medo

Estude cuidadosamente e compare os quatro maiores relatos da transfiguração encontrados na Bíblia: Mateus 17:1-8; Marcos 9:2-8; Lucas 9:28-36; 2 Pedro 1:16-18. Faça uma lista dos elementos que você encontra nas histórias. Então tire algum tempo para ponderar não apenas sobre o evento da transfiguração mas sobre o modo como ele afetou Pedro, Tiago e João. E tenha em mente a seguinte declaração de Max: "Olhe longamente e com vontade para o Fogo, o Fogo Sagrado, o Fogo mais Elevado, o Único Fogo. Quando você o fizer, todos os seus medos, exceto os do próprio Cristo, derreterão como cubos de gelo em uma calçada no verão."

15

Conclusão: *O salmo de William*

Examinando o medo

1. "O medo adora uma boa disparada."

   A. De que modo o medo é contagioso?

   B. Como você pode evitar se juntar à disparada?

2. "Somos a cultura mais preocupada da história. Pela primeira vez desde a Segunda Guerra Mundial, pais esperam uma vida da próxima geração pior do que a deles."

   A. Por que você acha que a nossa cultura se preocupa tanto?

   B. Você espera uma vida para a próxima geração pior do que a sua? Explique.

3. "Estejamos entre aqueles que ficam calmos. Vamos reconhecer o medo, mas não nos deixemos apavorar. Vamos reconhecer as ameaças, mas recusemo-nos a ser definidos por elas."

   A. Descreva algumas maneiras como você pode reconhecer o perigo, mas não se apavorar com ele.

   B. Como você pode garantir que as ameaças não definam você ou o seu comportamento?

4. "Chega desses gritos de desespero, berros de mau agouro. Por que prestar atenção àquele que anuncia o juízo final na Wall

Street ou ao fornecedor das sombras no jornal? Vamos inclinar nossos ouvidos em uma outra direção: para cima. Vamos nos virar para nosso Criador e, ao fazê-lo, temeremos menos."

A. Meditar no *Wall Street Journal* ou na Bíblia lhe daria mais esperança? Por quê?

B. Como fixar os seus olhos no Criador lhe ajuda a temer menos?

5. "O Senhor nunca deixará seu povo. / A Bíblia é a palavra dele. / O Senhor é um bom líder. / O Senhor que ama você. / E ele não abandonará seu povo."

A. O que significa para você que o Senhor nunca o deixará ou abandonará?

B. De que modo(s) o Senhor tem sido um bom líder para você?

Expondo o medo

1. Leia Provérbios 29:25.

A. Qual é o resultado de temer as pessoas?

B. Qual é o resultado de confiar em Deus, apesar de seu medo?

2. Leia Isaías 8:12-14.

A. Contra que medos Isaías alertou seus compatriotas?

B. Que medo eles cultivariam?

C. Como esse medo justo lhes ajudou no aqui e agora?

3. Leia Hebreus 13:5,6.

   A. Que razão o escritor dá para nos contentarmos com o que tivermos?

   B. Que promessa o escritor nos faz?

   C. Como ele quer que respondamos à sua promessa?

Lutando contra o medo

Por uma semana medite várias vezes por dia em um único versículo das Escrituras da boca do próprio Deus: "Nunca o deixarei, nunca o abandonarei" (Hebreus 13:15). Ao final de cada dia, passe ao menos dez minutos louvando-o por seu compromisso eterno a você.

Notas

Capítulo 1: Por que temos medo?

1. Forbes.com ["Our Most Common Fears." Disponível em http://www.forbes.com/2006/12/13/most-common-fears-forbeslife-cx_avd_1214commonfears.html.

2. Shelley Wachsmann. *The Sea of Galilee Boat: An Extraordinary 2000 Year Old Discovery* [O mar do barco da Galileia: Uma extraordinária descoberta de 2000 anos]. Nova York: Plenum Press, 1995, pp. 326–28.

3. Walter Brueggemann. "The Liturgy of Abundance, the Myth of Scarcity" [A liturgia da abundância, o mito da escassez]. *Christian Century* [Século cristão], 24 a 31 de março de 1999. Disponível em http://www.religion-online.org/showarticle.asp?title=533.

Capítulo 2: Os habitantes de Stiltsville

1. Rabino Shmuley Boteach. *Face Your Fear: Living with Courage in an Age of Caution* [Enfrente seu medo: Vivendo com coragem em um tempo de alerta]. Nova York: St Martin's Griffin, 2004, p. 21.

2. John Bentley, mensagem por e-mail ao autor.

3. Mensagem por e-mail ao Women of Faith [Mulheres de fé], 6 de setembro de 2008.

Capítulo 3: Deus está zangado comigo

1. Ken Rodriguez. "History Keeps Digging Its Horns into Texas Receiver" [A história continua agarrando um apanhador do Texas]. *San Antonio Express-News,* 26 de outubro de 2001.

2. Calvin Miller, *Into the Depths of God: Where Eyes See the Invisible, Ears Hear the Inaudible, and Minds Conceive the Inconceivable* [Nas profundezas de Deus: onde os olhos veem o invisível, os ouvidos escutam o inaudível e as mentes concebem o inconcebível]. Minneapolis: Bethany House Publis-hers, 2000, p. 135.

Capítulo 4: Aflição, vá embora

1. Bradford Torrey, "Not So in Haste, My Heart" [Não tão rápido, coração]. *The Boston Transcript,* 1875, CyberHymnal.org. Disponível em http://www.cyberhymnal.org/htm/n/s/nsinhamh.htm.

Capítulo 6: Estou afundando Rapidamente

1. Shelley Wachsmann. *The Sea of Galilee Boat: An Extraordinary 2000 Year Old Discovery* [O mar do barco da Galileia: Uma extraordinária descoberta de 2000 anos]. Nova York: Plenum Press, 1995, pp. 39 e 121.

2. C.S. Lewis. Cristianismo puro e simples. São Paulo: Martins Fontes, 2006.

Capítulo 7: Tem um dragão no meu armário

1. Max Lucado. *Seu nome é Salvador*. São Paulo: Vida Cristã, 1999.

2. Pierre Benoit. *The Passion and Resurrection of Jesus Christ* [A paixão e Ressurreição de Jesus Cristo]. Trans. Benet Weatherhead. Nova York: Herder and Herder, 1969, 10, conforme citado por Frederick Dale Bruner. *Matthew: A Commentary* [Mateus comentado], vol. 2, *The Churchbook: Matthew 13-28* [O livro da igreja: Mateus 13-28]. Dallas: Word Publishing, 1990, p. 979.

3. Bruner. *The Churchbook* [O livro da igreja], p. 978.

4. Yann Martel. *Life of Pi* [A vida de Pi]. Orlando, FL: Harcourt, 2001, pp. 155-56.

5. Yann Martel. *Life of Pi* [A vida de Pi], p. 156.

6. Robert Wheler Bush. *The Life and Times of Chrysostom* [A vida e o tempo de Crisóstomo]. London: Religious Tract Society, 1885, p. 245.

Capítulo 8: Este planeta brutal

1. Charles Colson. *Loving God* [Deus amoroso]. Grand Rapids: Zondervan, 1983, pp. 27-34.

2. Martin Luther. "A Mighty Fortress" [Uma fortaleza poderosa]. Hymnsite.com. Disponível em http://www.hymnsite.com/lyrics/umh110.sht.

3. Rabino Shmuley Boteach. *Face Your Fear: Living with Courage in an Age of Caution* [Enfrente seu medo: vivendo com coragem em um tempo de cuidado]. Nova York: St Martin's Griffin, 2004, p. 86.

4. Philip Gourevitch. *We Wish to Inform You That Tomorrow We Will Be Killed with Our Families: Stories from Rwanda* [Gostaríamos de informá-

los de que amanhã seremos mortos com nossas famílias]. Nova York: Farrar, Straus, and Giroux, 1998, p. 123.

5. Peter Lewis. *The Glory of Christ* [A glória de Cristo]. London: Hodder and Stoughton, 1992, p. 235.

6. Aleksandr I. Solzhenitsyn. *The Gulag Archipelago, 1918–1956: An Experiment in Literary Investigation* [O arquipélago Gulag, 1918-1956: Um experimento em investigação literária]. Trad. Para o inglês: Thomas P. Whitney. Nova York: HarperPerennial, 2007, pp. 309–10.

7. Aleksandr I. Solzhenitsyn, *The Gulag Archipelago* [O arquipélago Gulag], p. 312.

Capítulo 9: Dinheiro de faz de conta

1. Michael P. Mayko, "Stamford Man Faces Federal Charges in Bomb Threat" [Homem em Stamford acusado de ameaça de bomba]. *Connecticut Post,* 9 de outubro de 2008. Disponível em http://www.sonneteighteen com.blogspot.com/2008/10/stamford-man-faces-federal-charges-in.html.

2. Walter Brueggemann. "The Liturgy of Abundance, the Myth of Scarcity" [A liturgia da abundância, o mito da escassez]. *Christian Century* [Século cristão], 24 a 31 de 1999. Disponível em http://www.religion online.org/showarticle.asp?title=533.

3. Anup Shah. "Poverty Facts and Stats" [Fatos e estatísticas da pobreza], citando os indicadores do World Bank Development 2008 [Banco de Desenvolvimento Mundial]. Disponível em http://www.globalissues.org/article/26/poverty-facts-and-stats.

4. Thomas Carlyle, QuoteWorld.org. Disponível em http://www.quoteworld.org/quotes/2411.

5. "The Politics of Investing" [A política do investimento]. *Leading the Way: A Publication of Hartford Leaders Suite of Variable Annuities* [Guiando: uma publicação mensal da Hartford Leaders Suite], terceiro trimestre, 2008.

6. Bob Russell. "Favorites of Bob Russell" CD [CD "Favoritas de Bob Russell"]. Louisville, KY: Southeast Christian Church, 2005.

Capítulo 10: Morto de medo

1. Donald G. Bloesch. *The Last Things: Resurrection, Judgment, Glory* [As últimas coisas: ressurreição, julgamento, glória]. Downers Grove, IL: InterVarsity Press, 2004, p. 125.

2. Donald G. Bloesch. *The Last Things: Resurrection, Judgment, Glory* [As últimas coisas: ressurreição, julgamento, glória]. Downers Grove, IL: InterVarsity Press, 2004, p. 125.

3. John Blanchard. *Whatever Happened to Hell?* [O que aconteceu com o Inferno?]. Wheaton, IL: Crossway Books, 1995, p. 63.

4. John Blanchard. *Whatever Happened to Hell?* [O que aconteceu com o Inferno?]. Wheaton, IL: Crossway Books, 1995, p. 62.

5. William Shakespeare, *Hamlet*, em *The Complete Works of Shakespeare* [Obras completas de Shakespeare], ed. Hardin Craig. Glenview, IL: Scott, Foresman and Company, 1961). 3.1.78–80. Referências são a ato, cena e linha.

6. N.T. Wright. *Christian Origins and the Question of God* [Origens cristãs e a questão de Deus], vol. 3. *The Resurrection of the Son of God*. Minneapolis: Fortress Press, 2003, pp. 205-6.

7. Benjamin P. Browne. *Illustrations for Preaching* [Ilustrações para pregação]. Nashville, TN: Broadman Press, 1977, p. 85.

CAPÍTULO 12: A SOMBRA DA DÚVIDA

1. Jennie Yabroff. "Take the Bananas and Run" [Tire as bananas e corra]. *Newsweek,* 18 a 25 de agosto de 2008, p. 57.
2. N.T. Wright. *Christian Origins and the Question of God* [Origens cristãs e a questão de Deus], vol. 3. *The Resurrection of the Son of God.* Minneapolis: Fortress Press, 2003, p. 647.
3. Walter Liefiled, p. 1050.
4. Armand M. Nicholi Jr. *Deus em questão: C.S. Lewis e Sigmund Freud debatem sobre Deus, amor, sexo e o sentido da vida.* Viçosa, MG: Ultimato, 2005.

CAPÍTULO 13: E SE AS COISAS PIORAREM?

1. Joanna Bourke. *Fear: A Cultural History* [O medo: uma história cultural]. Emeryville, CA: Shoemaker and Hoard, 2005, p. 195.
2. John Zarrella e Patrick Oppmann. "Pastor with 666 Tattoo Claims to Be Divine" [Pastor com 666 tatuagens alega ser divino]. CNN.com, 19 de fevereiro de 2007. Disponível em http://www.cnn.com/2007/US/02/16/miami.preacher.
3. dc Talk and the Voice of the Martyrs. *Jesus Freaks* [Loucos por Jesus]. Tulsa, OK: Albury Publishing, 1999, pp. 133, 167, 208.
4. Global Evangelization Movement [Movimento de evangelização global]. "Status of Global Mission, 2001, in Context of 20th and 21st Centuries" [*Status* da missão global, 2001, no contexto dos séculos XX e XXI]. Worldwide Persian Outreach. Disponível em http://www.farsinet.com/pwo/world_mission.html.

5. Jim Collins. *Good to Great: Why Some Companies Make the Leap . . . and Others Don't* [Empresas feitas para vencer — Good To Great]. Nova York: Harper Collins, 2001, pp. 83-85.

6. Frederick Dale Bruner. *Matthew: A Commentary* [Mateus comentado], vol. 2, *The Churchbook: Matthew 13–28* [O livro da igreja: Mateus 13-28]. Dallas: Word Publishing, 1990, p. 878.

7. William J. Broad. "Scientists' New Findings Link Titanic's Fast Sinking to Rivets" [Novos achados de cientistas ligam o afundamento rápido do Titanic a rebites]. *San Antonio Express-News,* 15 de abril de 2008.

8. Dorothy Bernard, The Quotations Page [A página das citações]. Disponível em http://www.quotationspage.com/quote/29699.html.

9. Bruner. *The Churchbook* [O livro da igreja], p. 847.

Capítulo 14: O Único Terror Saudável

1. Thomas Howard. *Christ the Tiger* [Cristo, o Tigre]. Filadélfia: J.B. Lippincott, 1967, p. 10.

2. Ellen F. Davis. *Getting Involved with God: Rediscovering the Old Testament* [Se envolvendo com Deus: redescobrindo o Antigo Testamento]. Cambridge, MA: Cowley Press, 2001, pp. 102–3.

3. C.S. Lewis. *Príncipe Caspian — As crônicas de Nárnia.* São Paulo: Martins Fontes, 2005.

Conclusão: O salmo de William

1. Joanna Bourke. *Fear: A Cultural History* [Medo: uma história cultural]. Emeryville, CA: Shoemaker and Hoard, 2005, pp. 232–33.

2. Frank Furedi. *Culture of Fear Revisited: Risk-taking and the Morality of Low Expectation* [A cultura do medo revisitada: os riscos e a moralidade das poucas expectativas]. 4ª ed. Nova York: Continuum Books, 2006, p. xviii.

3. Frank Furedi. *Culture of Fear Revisited: Risk-taking and the Morality of Low Expectation* [A cultura do medo revisitada: os riscos e a moralidade das poucas expectativas]. 4ª ed. Nova York: Continuum Books, 2006, p. 68.

4. John Ortberg. *If You Want to Walk on Water, You've Got to Get Out of the Boat* [Se você quiser andar na água, terá que sair do barco]. Grand Rapids: Zondervan, 2001, p. 132.

5. Lloyd Ogilvie, conforme citado em Ortberg. *If You Want to Walk on Water, You've Got to Get Out of the Boat* [Se você quiser andar na água, terá que sair do barco] Grand Rapids: Zondervan, 2001, p. 118.

6. Greg Pruett. "President's Blog" [o blog do presidente]. Pioneer Bible Translators [Tradutores pioneiros da Bíblia], 27 de fevereiro de 2008, *Príncipe Caspian*. Disponível em http://www.pioneerbible.org/cms/tiki-view_blog_post.php?blogld=2&postld=9.

Este livro foi composto em Bembo 11,5/16 e
impresso pela Gráfica Ediouro sobre papel Offset
63g para a Thomas Nelson Brasil em 2011.